Dr. Oetker

Einmachen

Dr. Oetker

Einmachen

Dr. Oetker Verlag

1

Vorwort

Ist Einmachen von gestern?

Wenn wir heute einmachen, dient dies weniger der Vorratshaltung als vielmehr der Möglichkeit, eigene Geschmacks-Welten zu verwirklichen. Wir realisieren unsere Vorstellungen von etwas Besonderem – für uns und für Menschen, die uns am Herzen liegen.

Selbstgemachte Leckereien liegen voll im Trend – wir zeigen, dass Einkochen, Einlegen und Einmachen gut in die heutige Zeit passen.

Chutney, Relish und Pickles, marinierte Köstlichkeiten, Saft aus Wildfrüchten, süßsauer Eingelegtes, Ketchup und Senf – hier finden Sie pikante Köstlichkeiten, die Ihren Speiseplan bereichern. Denn in jedem Glas eingemachter Leckereien steckt immer auch ein Stück der Liebe derer, die sie zubereitet haben.

Viel Spaß beim Ausprobieren, Schmecken und Genießen!

Ratgeber

Allgemeine Zubereitungsregeln

1. Nur Obst, Gemüse und Fleisch von bester Beschaffenheit sind zum Einmachen geeignet.
2. Das Einmachgut muss so frisch wie möglich verarbeitet werden.
3. Achten Sie immer auf Sauberkeit, sowohl bei der Vorbereitung von Obst, Gemüse und Fleisch als auch bei der Verwendung von Einmachgeräten, Gläsern und Töpfen. Denn kleine Unreinheiten können den Inhalt zum Verderben bringen.
4. Reinigen Sie die Gläser oder Flaschen gründlich vor jedem Gebrauch in heißem Wasser unter Zusatz eines handelsüblichen Spülmittels. Spülen Sie sie in klarem, heißem Wasser nach und lassen Sie die Gläser oder Flaschen umgedreht auf ein Geschirrtuch gestellt abtropfen und erkalten.
5. Das Kochgut wird direkt nach dem Kochen mithilfe einer Schöpfkelle und evtl. eines Einfüllringes oder Trichters in die vorbereiteten Gläser und Flaschen gefüllt. Verwenden Sie Gläser mit Twist-off-Deckeln®, müssen die Gläser randvoll gefüllt und sofort verschlossen werden. Gläser mit Twist-off-Deckeln® schützen den Inhalt vor Farbveränderung und Austrocknung. Lassen Sie die verschlossenen Gläser danach sofort umgedreht etwa 5 Minuten auf dem Deckel stehen. So kommt wenig Luft ins Glas und der Inhalt ist optimal vor Verderb geschützt. Anschließend das Einmachgut in den Gläsern erkalten lassen.

Lagerung von Eingemachtem

Lagern Sie Ihre Einmach-Schätze an einem kühlen, dunklen Ort. So sind sie u. a. vor Farbveränderungen geschützt. Bewahren Sie angebrochene Gläser am besten im Kühlschrank auf und verbrauchen Sie den Inhalt bald.

Chutneys und Relishes

Die Verwendung von Chutneys und Relishes ist vielseitig, denn die Geschmackskomponenten scharf, süß und sauer harmonieren mit vielen Gerichten.

Zur Zubereitung von Chutneys und Relishes benötigt man Essig, Zitrussäfte (Säure), Zucker (Süße) und Gewürze (Schärfe). Die Gewürze sollten möglichst frisch sein, denn sonst haben sie an Würzkraft verloren. Wichtige Gewürze für Chutneys und Relishes sind Senfkörner, Pfeffer, Cayennepfeffer, Paprikapulver edelsüß oder rosenscharf und Currypulver. Sie geben besondere Schärfe. Die aromatische Schärfe von Ingwer harmoniert besonders gut mit süß und sauer. Abgerundet wird der Geschmack z. B. durch Piment, Lorbeerblätter, Muskatnuss, Gewürznelken, Zimt und natürlich Salz.

Herzhaft Eingelegtes

Einlegen kann in einer Essig-Lösung oder in einer Essig-Zucker-Lösung erfolgen. Werden die Zutaten richtig dosiert, dann hindert die Säure nicht nur die in den Nahrungsmitteln enthaltenen Bakterien am Wachstum, sondern zerstört sie. Deshalb darf auf keinen Fall die in den Rezepten vorgeschriebene Essigmenge willkürlich herabgesetzt werden. Besonders gut eignen sich Wein-, Apfel- und Obstessig (zwischen 4 % und 7 % Essigsäure) zum Einlegen.

Essige und Öle

1. Verwenden Sie nur guten Essig, am besten Wein- oder Obstessig und nur gutes Speiseöl, am besten reines Pflanzenöl.
2. Die Kräuterzweige und -blätter sollten unbehandelt und möglichst frisch sein, außerdem ist gründliches Waschen unbedingt notwendig. Anschließend die Kräuterzweige und -blätter trocken tupfen oder auf Küchenpapier abtropfen lassen.
3. Die Kräuterzweige und -blätter in gründlich gereinigte Flaschen geben, mit so viel Essig oder Öl auffüllen, dass die Zutaten damit bedeckt sind. 2–3 Wochen an einem dunklen Ort stehen lassen. Dann die Kräuterzweige und -blätter nach Belieben entfernen.
4. Die Öle dunkel lagern, damit sie nicht vorzeitig ranzig werden.

Eingekochtes

1. Nur einwandfreie, unbeschädigte Einkochgläser verwenden, da gesprungene oder ausgesplitterte Ränder von Gläsern oder Deckeln keinen festen Verschluss gewährleisten.
2. Die Gummiringe (brüchige oder beschädigte Ringe aussortieren) einige Minuten in klarem Wasser kochen lassen, sie dann zur Verwendung in frisches, kaltes Wasser legen.
3. Vorbereitetes Gemüse oder Obst in vorbereitete Gläser schichten. Gewürze und weitere Zutaten ebenfalls einschichten.
4. Die Einkochlösung noch heiß über Gemüse und Obst gießen, dabei die Flüssigkeit nur bis 2 cm unter den Rand füllen. Mit breiartigem Einkochgut die Gläser nur etwa zu 3/4 füllen.
5. Gummiring und Deckel nass auf den gesäuberten Glasrand legen. Die Gläser jeweils mit Bügel, Feder oder Klammern verschließen. Dabei darauf achten, dass sich die Gummiringe nicht verschieben.
6. Die Einkochgläser immer auf den Einsatz von Einkochtopf oder Einkochapparat stellen. Niemals direkt auf den Topfboden. Die Gläser so stellen, dass sie sich nicht berühren, da sie sonst durch Aneinanderstoßen springen können.
7. Wasser einfüllen, bis die Gläser zu 3/4 ihrer Höhe davon umgeben sind. Gläser mit kaltem Inhalt mit kaltem oder lauwarmem Wasser, Gläser mit heißem Inhalt mit heißem Wasser aufsetzen.
8. Ein einwandfreies Thermometer, das bis in das Wasser hineinreicht, ist notwendig, um die Temperatur während des Einkochens einzuhalten.
9. Das Wasser darf nicht sprudelnd kochen, sondern nur ziehen.
10. Gläser nach der vorgeschriebenen Einkochzeit mithilfe von Topflappen aus Einkochtopf oder Einkochapparat nehmen und auf einem Rost oder Geschirrtuch abkühlen lassen. Erst dann Bügel, Feder oder Klammern entfernen und prüfen ob die Gläser fest geschlossen sind.

Zu den Rezepten

Abkürzungen
EL = Esslöffel
TL = Teelöffel
Msp. = Messerspitze
Pck. = Packung/Päckchen
g = Gramm
kg = Kilogramm
ml = Milliliter
Min. =Minuten
Std. = Stunden
l = Liter
evtl. = eventuell
geh. = gehäuft
gestr. = gestrichen
TK = Tiefkühlprodukt
°C = Grad Celsius
Ø = Durchmesser

Nährwerte
E = Eiweiß
F = Fett
Kh = Kohlenhydrate
kcal = Kilokalorien
kJ = Kilojoule
BE = Broteinheiten

Hinweise zu den Rezepten
Lesen Sie vor der Zubereitung – besser noch vor dem Einkauf – das Rezept einmal vollständig durch. Oft werden Arbeitsabläufe oder -zusammenhänge dann klarer. Die in den Rezepten angegebenen Gartemperaturen und -zeiten sind Richtwerte, die je nach individueller Hitzeleistung des Backofens über- oder unterschritten werden können. Beachten Sie die Gebrauchsanweisung des Herstellers.
Backbleche bzw. Roste werden, wenn nicht anders angegeben, in der Mitte des Backofens eingeschoben.

Zubereitungszeiten
Die Zubereitungszeit ist ein Anhaltswert für die Zeit der Vorbereitung und die eigentliche Zubereitung, die Garzeiten sind, in der Regel, gesondert ausgewiesen. Längere Wartezeiten wie Kühl- und Auftauzeiten sind nicht einbezogen.

Chutney & Relish

5 Gläser je 200 ml

Zubereitungszeit: 50 Minuten
Haltbarkeit: kühl, dunkel und trocken gestellt etwa 6 Monate

Insgesamt:
E: 17 g, F: 32 g, Kh: 378 g, kJ: 8021, kcal: 1919, BE: 31,5

Tipp:
Chutneys sind besonders pikante Saucen, die zu gebratenem, gekochtem und kaltem Fleisch, zu Fondues und zu exotischen Gerichten gereicht werden.

Apfel-Feigen-Chutney (Foto)

Raffiniert

Zutaten:

1 kg	Äpfel
50 g	Ingwer
250 g	Zucker
50 g	abgezogene, gemahlene Mandeln
1 TL	Senfpulver
1 gestr. TL	Salz
125 ml (1/8 l)	Weißweinessig
2–3	frische Feigen
	Salz
	Zucker
	Senfpulver
1 Pck.	Einmach-Hilfe

1. Äpfel schälen, vierteln, entkernen und in Würfel schneiden. Ingwer schälen, abspülen, trocken tupfen und in Stücke schneiden.

2. Apfelwürfel mit Ingwerstücken, Zucker, Mandeln, Senfpulver, Salz und Essig in einen Topf geben und etwa 30 Minuten dünsten.

3. Feigen waschen, enthäuten, in kleine Stücke schneiden, zu den Apfelwürfeln geben und etwa 15 Minuten mitdünsten lassen.

4. Das Chutney mit Salz, Zucker und Senfpulver abschmecken. Einmach-Hilfe unterrühren. Das Chutney sofort randvoll in vorbereitete Gläser füllen. Die Gläser sofort mit Twist-off-Deckeln® verschließen, umdrehen und etwa 5 Minuten auf den Deckeln stehen lassen.

1000 ml

Zubereitungszeit: 20 Minuten
Haltbarkeit: kühl, dunkel und trocken gestellt 2–4 Monate

Insgesamt:
E: 13 g, F: 4 g, Kh: 462 g, kJ: 8454, kcal: 2023, BE: 37,5

Tipp:
Kirsch-Chutney schmeckt lecker zu Burgern, Sandwiches und Gegrilltem.

Kirsch-Chutney

Für die Grillparty

Zutaten:

500–600 g	Süßkirschen
1 rote	Paprikaschote
1 rote	Zwiebel
1 walnussgroßes Stück	Ingwer
2	Knoblauchzehen
1	kleine, getrocknete rote Chilischote
200 g	Sultaninen
1 gestr. TL	Meersalz
1 Msp.	gemahlener Zimt
250 g	Zucker
125 ml (1/8 l)	Obst- oder Sherryessig

1. Kirschen waschen, abtropfen lassen, entstielen und entsteinen. Paprikaschote halbieren, entstielen, entkernen und die weißen Scheidewände entfernen. Schotenhälften waschen, trocken tupfen und in sehr kleine Würfel schneiden.

2. Zwiebel abziehen und ebenfalls in sehr kleine Würfel schneiden. Ingwer schälen und fein reiben. Knoblauch abziehen und sehr klein würfeln. Chilischote klein hacken.

3. Vorbereitete Zutaten in einen großen Topf geben. Sultaninen, Salz, Zimt, Zucker und Essig hinzufügen, gut vermischen, unter Rühren zum Kochen bringen und etwa 30 Minuten bei schwacher Hitze unter gelegentlichem Rühren leicht köcheln lassen.

4. Chutney sofort randvoll in vorbereitete Gläser füllen, mit Twist-off-Deckeln® verschließen, umdrehen und etwa 5 Minuten auf den Deckeln stehen lassen.

Scharfes Tomaten-Paprika-Relish

Exotisch

3 Gläser je 200 ml

Zubereitungszeit:
35 Minuten, ohne Ruhe- und Durchziehzeit
Haltbarkeit: kühl und dunkel gestellt 3–4 Monate

Insgesamt:
E: 12 g, F: 39 g, Kh: 43 g, kJ: 2456, kcal: 584, BE: 0

Zutaten:

2 rote	Paprikaschoten
1 kg	vollreife Tomaten
2–4	Knoblauchzehen
1–2 EL	Harissa (Grundrezept Seite 82)
4 EL	kalt gepresstes Olivenöl
	Meersalz

1. Den Backofengrill vorheizen. Paprikaschoten halbieren, entstielen, vierteln, entkernen und die weißen Scheidewände entfernen. Schotenhälften waschen, trocken tupfen und auf ein Backblech legen. Das Backblech unter den vorgeheizten Grill schieben. Die Paprikaschoten so lange rösten, bis die Haut schwarz wird und Blasen wirft. Das Beckblech aus dem Backofen nehmen. Paprika mit einem feuchten Küchentuch bedecken und etwas abkühlen lassen.

2. Tomaten waschen, kreuzweise einschneiden und einige Sekunden in kochendes Wasser legen. Tomaten kurz in kaltes Wasser legen, enthäuten, halbieren, entkernen und die Stängelansätze herausschneiden. Tomatenhälften grob zerkleinern. Knoblauch abziehen und in sehr kleine Würfel schneiden.

3. Die Haut der Paprikaschoten abziehen. Paprika in sehr kleine Würfel schneiden.

4. Paprikawürfel mit Tomatenstücken, Knoblauchwürfeln, Harissa und Olivenöl mischen, mit Meersalz abschmecken, etwa 2 Stunden durchziehen lassen.

5. Überschüssiges Olivenöl abgießen. Relish in vorbereitete Gläser füllen und mit Twist-off-Deckeln® verschließen. Relish gekühlt und dunkel gestellt vor dem Verzehr etwa 2 Wochen durchziehen lassen.

Tipp:
Das Relish passt gut zu gegrilltem oder gebratenem Fleisch oder Geflügel und zu gebackenem, pochiertem, gegrilltem oder gebratenem Fisch.

600–800 ml

Zubereitungszeit: 20 Minuten
Haltbarkeit: kühl, dunkel und trocken gestellt 6–9 Monate

Insgesamt:
E: 11 g, F: 3 g, Kh: 319 g,
kJ: 5953, kcal: 1423, BE: 26,0

Rhabarber-Orangen-Chutney

Fruchtig

Zutaten:

250 g	Rhabarber
120 g	Zwiebeln oder Schalotten
	Schale und Saft von
1	Bio-Orange (unbehandelt, ungewachst)
100 g	getrocknete Feigen
25 g	Rosinen oder Sultaninen
220 g	Zucker
220 ml	Sherryessig
1 gestr. EL	Senfkörner
8	Pimentkörner
1 gestr. EL	schwarze Pfefferkörner

1. Von dem Rhabarber Stielenden und Blattansätze entfernen. Rhabarberstangen abziehen, waschen, abtropfen lassen und in feine Scheiben schneiden. Zwiebeln abziehen und in kleine Würfel schneiden.

2. Orange heiß abwaschen, abtrocknen und die Schale abreiben. Orange halbieren und den Saft auspressen. Feigen in kleine Würfel schneiden.

3. Vorbereitete Zutaten mit Rosinen oder Sultaninen, Zucker und Essig in einen Topf geben. Senf-, Pimentkörner und grob zerdrückte Pfefferkörner in ein Gewürzsäckchen geben und ebenfalls mit in den Topf geben.

4. Die Zutaten bei schwacher Hitze langsam erwärmen, bis der Zucker aufgelöst ist. Anschließend zum Kochen bringen und etwa 1 Stunde bei schwacher Hitze unter gelegentlichem Rühren leicht köcheln lassen, bis das Chutney eine marmeladenartige Konsistenz hat. Den Topf von der Kochstelle nehmen.

5. Gewürzsäckchen herausnehmen und die Flüssigkeit aus dem Säckchen in das Chutney drücken. Chutney in vorbereitete Gläser füllen, mit Twist-off-Deckeln® verschließen, umdrehen und etwa 5 Minuten auf den Deckeln stehen lassen.

6. Chutney gekühlt, dunkel und trocken gestellt vor dem Verzehr 3–4 Wochen durchziehen lassen.

etwa 3 Gläser je 150 ml

Zubereitungszeit: 60 Minuten
Haltbarkeit: kühl, dunkel und trocken gestellt etwa 5 Monate

Insgesamt:
E: 4 g, F: 2 g, Kh: 142 g, kJ: 4318, kcal: 1033, BE: 12,0

Exotische Frucht-Pickles
Mit Alkohol

Zutaten:

500 g	Ananasfruchtfleisch (von 1 großen Ananas)
½	Bio-Zitrone (unbehandelt, ungewachst)
½	Bio-Limette (unbehandelt, ungewachst)
je ½	Kantalup- oder Netz- und Honigmelone (600 g)

Für die Weißweinlösung:

500 ml (½ l)	Weißwein
50 g	Zucker
1	Zimtstange
¼ TL	gemahlener Ingwer

1. Ananasfruchtfleisch in dünne, kleine Stückchen schneiden. Zitrone und Limette heiß abwaschen, abtrocknen, halbieren und in dünne Scheiben schneiden.

2. Melonenhälften entkernen. Aus dem Fruchtfleisch mit einem Kugelausstecher kleine Kugeln ausstechen oder das Fruchtfleisch in kleine Würfel schneiden.

3. Die Früchte in Einkochgläsern verteilen.

4. Für die Weißweinlösung Wein mit Zucker, Zimtstange und Ingwer in einem Topf zum Kochen bringen, etwa 5 Minuten kochen lassen.

5. Den heißen Sud über die Früchte gießen.

6. Jeweils Gummiring und Deckel nass auf den gesäuberten Glasrand legen, mit Bügel oder Feder verschließen. Gläser auf einem Einsatz in den Einkochtopf stellen, so viel kaltes Wasser hinzugießen, dass die Gläser zu ¾ von Wasser umgeben sind.

7. Den Topf verschließen. Die Frucht-Pickles etwa 30 Minuten bei etwa 75 °C einkochen. Die Gläser herausnehmen, erkalten lassen und kühl aufbewahren.

8. Frucht-Pickles gekühlt vor dem Verzehr etwa 1 Woche durchziehen lassen.

Tipp:
Frucht-Pickles zu Käseplatten oder Fondue reichen.

Melonen-Paprika-Chutney

Raffiniert

6 Gläser je 200 ml

Zubereitungszeit: 60 Minuten
Haltbarkeit: kühl, dunkel und trocken gestellt etwa 6 Monate

Insgesamt:
E: 10 g, F: 4 g, Kh: 429 g, kJ: 8103, kcal: 1923, BE: 34,0

Zutaten:

500 g	Honigmelonen-Fruchtfleisch (vorbereitet gewogen)
300 g	rote Paprikaschoten (vorbereitet gewogen)
150 g	Orangenfilets (vorbereitet gewogen)
100 g	Rosinen
200 ml	Obstessig
300 ml	Orangensaft
1/2 Pck. (250 g)	Super Gelier Zucker 3:1
1 TL	Senfkörner
	Salz, frisch gemahlener Pfeffer
	Paprikapulver rosenscharf

1. Die Melone halbieren und die Kerne mit einem Löffel herauslösen. Melonenhälften zuerst in kleine Spalten schneiden, dann die Schale abschneiden. Das Fruchtfleisch in kleine Würfel schneiden und 500 g abwiegen.

2. Paprikaschoten halbieren, entstielen, entkernen und die weißen Scheidewände entfernen. Die Schoten waschen, abtropfen lassen, sehr fein würfeln und 300 g abwiegen. Orangen so schälen, dass die weiße Haut mit entfernt wird. Filets herausschneiden und 150 g abwiegen.

3. Die vorbereiteten Zutaten mit Rosinen, Obstessig, Orangensaft, Gelier Zucker und Senfkörnern in einen Topf geben. Alles unter Rühren zum Kochen bringen und etwa 5 Minuten kochen lassen, dabei ab und zu umrühren.

4. Das Chutney mit Salz, Pfeffer und Paprika abschmecken, sofort randvoll in vorbereitete Gläser füllen, mit Twist-off-Deckeln® verschließen, umdrehen und etwa 5 Minuten auf den Deckeln stehen lassen.

Tipp:
Melonen-Paprika-Chutney passt gut zu Käse oder Käse-Fondue.

Paprika-Ananas-Frühlingszwiebel-Relish

Raffiniert

4 Gläser je etwa 200 ml

Zubereitungszeit: 60 Minuten
Haltbarkeit: kühl, dunkel und trocken gestellt 3–4 Monate

Insgesamt:
E: 10 g, F: 4 g, Kh: 323 g, kJ: 5981, kcal: 1413, BE: 25,0

Zutaten:

je 1	grüne und gelbe Paprikaschote (vorbereitet gewogen – je 150 g)
250 g	Ananas-Fruchtfleisch (vorbereitet gewogen)
1 Bund	Frühlingszwiebeln (etwa 140 g)

1. Die grüne und gelbe Paprikaschote halbieren, entstielen, entkernen und die weißen Scheidewände entfernen. Schoten waschen, abtropfen lassen, sehr fein würfeln und je 150 g abwiegen. Von der Ananas den Strunk abschneiden. Die Frucht vierteln und den mittleren holzigen Teil längs herausschneiden. Ananas schälen, das Fruchtfleisch klein schneiden und 250 g abwiegen.

2. Frühlingszwiebeln putzen, waschen, abtropfen lassen, längs halbieren und in schmale Streifen schneiden. Sauerampfer waschen, abtropfen lassen und in ebenfalls in feine Streifen schneiden.

(Fortsetzung Seite 18)

Chutney & Relish

Tipp:

Anstelle des Sauerampfers kann auch Petersilie verwendet werden.

1 Bund	Sauerampfer
175 ml	Obstessig
150 ml	Ananassaft
½ Pck. (250 g)	Extra Gelier Zucker 2:1
1 TL	Senfkörner
	Salz
	Currypulver
	frisch gemahlener Pfeffer

3. Die vorbereiteten Zutaten mit Obstessig, Ananassaft, Gelier Zucker und Senfkörnern in einen Kochtopf geben. Die Zutaten unter Rühren zum Kochen bringen und 5 Minuten kochen lassen, dabei ab und zu umrühren.

4. Das Relish mit Salz, Curry und Pfeffer abschmecken, sofort randvoll in vorbereitete Gläser füllen, mit Twist-off-Deckeln® verschließen, umdrehen und etwa 5 Minuten auf den Deckeln stehen lassen.

Apfel-Möhren-Chutney mit Curry

Raffiniert

600–800 ml

Zubereitungszeit: 25 Minuten, ohne Durchziehzeit
Haltbarkeit: kühl und dunkel gestellt etwa 6 Monate

Insgesamt:
E: 13 g, F: 5 g, Kh: 367 g, kJ: 6934, kcal: 1647, BE: 29,5

Tipp:

Muscovadozucker ist ein aromatisch wohlschmeckender feuchter Rohrzucker mit kleinen Kristallen. Apfel-Möhren-Chutney passt zu Hähnchen- oder Puten-Spießchen.

Zutaten:

4	süßsaure Äpfel (etwa 600 g)
250 g	Möhren
1	Zwiebel
100 g	Rosinen
120 g	frisch geriebener Meerrettich
1 EL	Currypulver (indisch)
1 TL	gemahlener Ingwer
1 TL	Senfmehl
300 ml	Apfelessig
225 g	Muscovadozucker
2 gestr. TL	Meersalz

1. Äpfel waschen, schälen, vierteln, entkernen und in kleine Stücke schneiden. Möhren putzen, schälen, waschen, abtropfen lassen und der Länge nach in dünne Scheiben oder Streifen schneiden. Zwiebel abziehen, halbieren und in schmale Spalten (Halbmonde) schneiden.

2. Vorbereitete Zutaten in einen Topf geben. Rosinen, Meerrettich, Curry, Ingwer, Senfmehl, Essig, Zucker und Salz hinzugeben. Die Zutaten gut vermischen, unter ständigem Rühren bei schwacher Hitze zum Kochen bringen und 30–40 Minuten bei schwacher Hitze unter gelegentlichem Rühren köcheln lassen, bis alle Zutaten weich sind und eine marmeladenartige Konsistenz entstanden ist.

3. Chutney sofort randvoll in vorbereitete Gläser füllen, mit Twist-off-Deckeln® verschließen, umdrehen und etwa 5 Minuten auf den Deckeln stehen lassen.

4. Chutney kühl, dunkel und trocken gestellt vor dem Verzehr etwa 2 Monate durchziehen lassen.

Pflaumen-Chutney
Mit Alkohol

etwa 6 Gläser je 200 ml

Zubereitungszeit: 40 Minuten
Haltbarkeit: kühl, dunkel und trocken gestellt etwa 6 Monate

Insgesamt:
E: 16 g, F: 34 g, Kh: 412 g, kJ: 9118, kcal: 2163, BE: 34,5

Tipp:
Pflaumen-Chutney zu Wildgerichten reichen.

Zutaten:

900 g	Pflaumen (vorbereitet gewogen)
50 g	Walnusskerne
100 g	Korinthen
175 ml	Balsamico-Essig
150 ml	Rotwein
½ Pck. (250 g)	Extra Gelier Zucker 2:1
evtl.	gemahlener Zimt

1. Pflaumen waschen, abtropfen lassen, entstielen, halbieren, entsteinen, vierteln und 900 g abwiegen. Walnusskerne hacken.

2. Die vorbereiteten Zutaten mit Korinthen, Balsamico-Essig, Rotwein und Gelier Zucker in einen Kochtopf geben, unter Rühren zum Kochen bringen und etwa 5 Minuten kochen lassen, dabei ab und zu umrühren.

3. Das Chutney nach Belieben mit Zimt abschmecken, sofort randvoll in vorbereitete Gläser füllen, mit Twist-off-Deckeln® verschließen, umdrehen und etwa 5 Minuten auf den Deckeln stehen lassen.

California Relish
Zum Verschenken

4 Gläser je 200 ml

Zubereitungszeit: 50 Minuten
Haltbarkeit: kühl, dunkel und trocken gestellt etwa 6 Monate

Insgesamt:
E: 11 g, F: 3 g, Kh: 276 g, kJ: 5107, kcal: 1205, BE: 20,5

Zutaten:

300 g	Auberginen (vorbereitet gewogen)
300 g	rote Paprikaschoten (vorbereitet gewogen)
1 kleine	Stange Porree (Lauch)
125 ml (⅛ l)	Weißweinessig
½ TL	Senfkörner
	Salz, frisch gemahlener Pfeffer
	Paprikapulver edelsüß
½ Pck. (250 g)	Extra Gelier Zucker 2:1

1. Auberginen waschen, abtrocknen und die Stängelansätze entfernen. Auberginen in sehr kleine Würfel schneiden. Paprikaschoten halbieren, entstielen, entkernen und die weißen Scheidewände entfernen. Schoten waschen, abtropfen lassen und ebenfalls in sehr kleine Würfel schneiden. Porree putzen, die Stange längs halbieren, gründlich waschen, abtropfen lassen und sehr klein würfeln.

2. Vorbereitete Gemüsewürfel in einen Topf geben. Essig, Senfkörner, Salz, Pfeffer, Paprika und Gelier Zucker hinzufügen. Die Zutaten unter Rühren zum Kochen bringen und etwa 10 Minuten unter gelegentlichem Rühren kochen lassen.

3. Die Gemüsemasse in dem Topf so lange pürieren oder zerstampfen, bis die Hälfte der Masse musig ist. Nochmals gut durchrühren und aufkochen lassen.

4. Relish sofort randvoll in vorbereitete Gläser füllen, sofort mit Twist-off-Deckeln® verschließen, umdrehen und etwa 5 Minuten auf den Deckeln stehen lassen.

Preiselbeer-Relish (Foto)

Raffiniert – mit Alkohol

5 Gläser je 200 ml

Zubereitungszeit: 30 Minuten
Haltbarkeit: kühl, dunkel und trocken gestellt 6 Monate

Insgesamt:
E: 3 g, F: 4 g, Kh: 317 g,
kJ: 6057, kcal: 1435, BE: 26,5

Tipp:
Das Relish zu Geflügelgerichten, Gegrilltem oder Fleisch-Fondue reichen.

Zutaten:

800 g	vorbereitete Preiselbeeren
200 ml	Cidre (Apfelwein)
½ Pck. (250 g)	Extra Gelier Zucker 2:1
1 Msp.	gemahlene Gewürznelken
½ TL	gemahlener Zimt

1. Preiselbeeren verlesen, waschen, abtropfen lassen und 800 g abwiegen. Preiselbeeren mit Cidre, Gelier Zucker, Nelken und Zimt in einen Kochtopf geben, unter Rühren zum Kochen bringen und etwa 5 Minuten ohne Deckel kochen lassen, dabei ab und zu umrühren.

2. Das Relish sofort randvoll in vorbereitete Gläser füllen, mit Twist-off-Deckeln® verschließen, umdrehen und etwa 5 Minuten auf den Deckeln stehen lassen.

Zucchini-Relish

Für die Grillparty

1200 ml

Zubereitungszeit: 25 Minuten, ohne Durchziehzeit
Haltbarkeit: kühl, dunkel und trocken gestellt mindestens 6–9 Monate

Insgesamt:
E: 21 g, F: 8 g, Kh: 350 g,
kJ: 6808, kcal: 1627, BE: 26,5

Tipp:
Zucchini-Relish schmeckt lecker zu Burgern, Sandwiches und Gegrilltem.

Zutaten:

4	mittelgroße Zucchini
2	Zwiebeln
3–4 EL	Salz
je 150 g	grüne und rote Paprikaschoten
300 g	Zucker
300 ml	Weißweinessig
1 EL	gemahlene Muskatnuss
1 EL	Senfmehl
1 gestr. EL	Kurkuma (Gelbwurz)
1 gestr. EL	Speisestärke
½ EL	Selleriesalz
1 Msp.	frisch gemahlener schwarzer Pfeffer

1. Zucchini waschen, abtrocknen und die Enden abschneiden. Zucchini auf einer Haushaltsreibe raffeln (raspeln). Zwiebeln abziehen und in kleine Würfel schneiden.

2. Zucchiniraffel und Zwiebelwürfel in einer Schüssel mischen, Salz untermengen. Zucchini-Zwiebel-Mischung zugedeckt über Nacht im Kühlschrank durchziehen lassen.

3. Die Zucchini-Zwiebel-Mischung in ein Sieb geben, unter fließendem kalten Wasser gut abspülen und 1–2 Stunden abtropfen lassen. Zucchini-Zwiebel-Mischung nicht ausdrücken, da sie sonst matschig wird.

4. In der Zwischenzeit Paprikaschoten halbieren, entstielen, entkernen und die weißen Scheidewände entfernen. Schotenhälften waschen, trocken tupfen und in sehr kleine Würfel schneiden (erbsengroß).

5. Abgetropfte Zucchini-Zwiebel-Masse in einen großen Topf geben. Paprikawürfel, Zucker, Essig, Muskat, Senfmehl, Kurkuma, Speisestärke, Salz und Pfeffer hinzufügen. Die Zutaten zum Kochen bringen und etwa 30 Minuten bei schwacher Hitze unter gelegentlichem Rühren zu einer dicklichen Masse einkochen lassen.

6. Relish sofort randvoll in vorbereitete Gläser füllen, mit Twist-off-Deckeln® verschließen, umdrehen, etwa 5 Minuten auf den Deckeln stehen lassen. Einige Tage durchziehen lassen.

etwa 200 ml

Zubereitungszeit: 30 Minuten
Haltbarkeit: 3–4 Tage

Insgesamt:
E: 28 g, F: 57 g, Kh: 25 g,
kJ: 3041, kcal: 727, BE: 1,5

Tipp:
Mustard-Relish passt zu Aufschnitt, kaltem Braten, Fisch, Eiern und Schweinemedaillons.

Mustard-Relish

Einfach

Zutaten:

1–2 EL	gelbes Senfpulver
2 EL	scharfer Senf oder
etwas	Weißweinessig
1 Becher (150 g)	saure Sahne
2 EL	Salatmayonnaise
2	hart gekochte Eier
2	Senfgurken
3	Cornichons
2	eingelegte, rote Paprikaschoten
1 EL	Kapern
2–3	Perlzwiebeln
	Salz, frisch gemahlener Pfeffer

1. Senfpulver mit Senf oder Essig verrühren. Saure Sahne und Mayonnaise unterrühren.

2. Eier pellen. Gurken, Cornichons, Paprikaschoten, Kapern, Zwiebeln und Eier sehr fein hacken, mit der Sahne-Mayonnaise-Creme vermengen. Mit Salz und Pfeffer abschmecken.

Eingelegtes süßsauer

1500–2200 ml

Zubereitungszeit: 40 Minuten, ohne Durchziehzeit
Haltbarkeit: kühl und dunkel gestellt mindestens 6 Monate

Insgesamt:
E: 21 g, F: 9 g, Kh: 1094 g, kJ: 19401, kcal: 4631, BE: 91,0

Tipp:
Wassermelonen-Pickles schmecken zu Geflügel oder Krustenbraten.

Wassermelonen-Pickles

Fruchtig

Zutaten:

1	Wassermelone (8–9 kg)
etwa 2 l	Wasser
100 g	Meersalz
1	Bio-Zitrone (unbehandelt, ungewachst)
1 TL	Gewürznelken
1 TL	Pimentkörner
1 TL	Senfkörner
2	Zimtstangen
850 g	Zucker
250 ml (¹/₄ l)	Apfel- oder Sherryessig

1. Die grüne Außenschale der Wassermelone mit einem scharfen Messer dünn abschneiden. Melone halbieren und in etwa 3 cm dicke Scheiben schneiden. Das Fruchtfleisch herausschneiden (Fruchtfleisch essen oder entsaften, es wird nicht mehr benötigt). Die weiße Schale in etwa 3 cm lange Stücke schneiden und beiseitestellen.

2. Wasser in einem Topf mit Meersalz so lange erhitzen, bis das Salz aufgelöst ist. Den Topf von der Kochstelle nehmen. Schalenstücke in das warme Salzwasser geben, über Nacht stehen und durchziehen lassen.

3. Schalenstücke in ein großes Sieb geben, unter fließendem kalten Wasser abspülen und gut abtropfen lassen. Schalenstücke wieder in den Topf geben, mit Wasser bedeckt zum Kochen bringen und etwa 20 Minuten bei schwacher Hitze leicht köcheln lassen. Schalenstücke in einem Sieb abtropfen lassen und beiseitestellen.

4. Zitrone heiß abwaschen, abtrocknen und in Scheiben schneiden.

5. Nelken, Piment-, Senfkörner und Zimtstangen mit Zucker, Essig und Zitronenscheiben in einen Topf geben, zum Kochen bringen und etwa 10 Minuten bei schwacher Hitze köcheln lassen. Die beiseitegestellten Schalenstücke hinzugeben, wieder zum Kochen bringen und weitere etwa 8 Minuten bei schwacher Hitze köcheln lassen (ab und zu vorsichtig umrühren), bis die Schalenstücke glasig sind.

6. Die heißen Schalenstücke mit dem Kochsud sofort in vorbereitete Gläser füllen und mit Twist-off-Deckeln® verschließen. Wassermelonen-Pickles kühl und dunkel gestellt vor dem Verzehr 3–4 Wochen durchziehen lassen.

Eingelegtes süßsauer

Süßsaure Rotwein-Pflaumen (Foto)

Mit Alkohol

1500 ml

Zubereitungszeit: 20 Minuten
Haltbarkeit: gekühlt etwa 6 Monate

Insgesamt:
E: 9 g, F: 1 g, Kh: 372 g, kJ: 7498, kcal: 1797, BE: 31,0

Tipp:
Rotwein-Pflaumen zu Wildgerichten und Schweinebraten reichen.

Zutaten:

1,5 kg	Pflaumen
100 ml	Weißweinessig
100 ml	Wasser
1–2	Gewürznelken
1–2	Zimtstangen
1 Stück	getrockneter Ingwer
	Schale von
½	Bio-Zitrone (unbehandelt, ungewachst)
250 g	brauner Kandiszucker
300 ml	Rotwein

1. Pflaumen waschen, gut abtropfen lassen und in Einkochgläsern verteilen.

2. Essig, Wasser, Nelken, Stangenzimt, Ingwer, Zitronenschale und Kandiszucker in einem Topf zum Kochen bringen. So lange unter Rühren kochen lassen, bis sich der Kandis vollständig aufgelöst hat. Die Gewürze mit einer Schaumkelle aus dem Sud nehmen. Den Sud über die Pflaumen gießen.

3. Jeweils Gummiring und Deckel nass auf den gesäuberten Glasrand legen, mit Bügel oder Feder verschließen. Gläser auf einem Einsatz in den Einkochtopf stellen, so viel kaltes Wasser hinzugießen, dass die Gläser zu ¾ von Wasser umgeben sind.

4. Den Topf verschließen. Die Pflaumen etwa 30 Minuten bei etwa 75 °C einkochen. Die Gläser herausnehmen, erkalten lassen und kühl aufbewahren.

Indische Limetten

Für Gäste

1200–1500 ml

Zubereitungszeit: 25 Minuten
Haltbarkeit: 9–12 Monate

Insgesamt:
E: 6 g, F: 12 g, Kh: 418 g, kJ: 8201, kcal: 1963, BE: 34,0

Tipp:
Limetten schmecken zu Curryhuhn oder gebratenem Lachs oder Tunfisch.

Zutaten:

14	Bio-Limetten (unbehandelt, ungewachst)
2 walnussgroße Stücke	Ingwer (geschält)
4	Knoblauchzehen
3 gestr. EL	Meersalz
4	kleine, rote Chili
240 ml	Weißweinessig
400 g	Zucker

1. Limetten heiß abwaschen und abtrocknen. Acht Limetten der Länge nach sechsteln. Ingwerstücke in streichholzdicke Stifte schneiden. Knoblauch abziehen und halbieren.

2. Die Böden von 4 vorbereiteten Gläsern mit den Limettenspalten belegen. Mit etwas Ingwer, Knoblauch und Meersalz bestreuen. Restliche Limettenspalten, Ingwer, Knoblauch und Salz abwechselnd in die Gläser schichten, bis alle Zutaten verbraucht sind. Chilischoten in den Gläsern verteilen.

3. Von den restlichen Limetten den Saft auspressen und etwa 200 ml Saft abmessen. Limettensaft mit Essig und Zucker in einem Topf zum Kochen bringen. So lange köcheln lassen, bis die Flüssigkeit leicht sirupartig wird.

4. Die Limettenspalten mit dem Sirup übergießen. Die Gläser leicht auf die Arbeitsfläche stoßen, um Luftblasen zu verhindern. Gläser mit Twist-off-Deckeln® fest verschließen.

5. Die Gläser etwa 2 Monate an einem nicht zu kühlen Platz (z. B. Fensterbank) stellen und die Limettenspalten vor dem Verzehr durchziehen lassen.

Eingelegtes süßsauer

Zitrusfrüchte, eingelegt (Foto)

Raffiniert

etwa 750 ml

Zubereitungszeit: 30 Minuten, ohne Durchziehzeit
Haltbarkeit: kühl und dunkel gestellt etwa 6 Monate

Insgesamt:
E: 6 g, F: 254 g, Kh: 59 g,
kJ: 10749, kcal: 5,0

Zutaten:

1–2	Bio-Limetten (etwa 120 g, unbehandelt, ungewachst)
1–2	Bio-Zitronen (etwa 150 g, unbehandelt, ungewachst)
1–2 kleine	Bio-Orangen (etwa 225 g, unbehandelt, ungewachst)
5	Limequats (unbehandelt, etwa 75 g)
5	Kumquats (unbehandelt, etwa 75 g)
50 g	grobes Salz
½ kleines Bund	Zitronenthymian
einige Zweige	Rosmarin
250 ml (¼ l)	Olivenöl
½ EL	rosa Pfefferbeeren

1. Limetten, Zitronen und Orangen heiß waschen, abtrocknen und in etwa ½ cm dicke Scheiben schneiden oder nach Belieben vierteln oder achteln. Limequats und Kumquats ebenfall gründlich waschen, abtrocknen und halbieren.

2. Fruchtstücke in ein hohes Gefäß schichten, dabei jede Schicht mit Salz bestreuen. Das Gefäß mit Frischhaltefolie zudecken. Die Fruchtstücke etwa 15 Stunden durchziehen lassen.

3. Fruchtstücke in ein Sieb geben, gut abtropfen lassen, auf ein Backblech geben, mit Küchenpapier trocken tupfen und anschließend in vorbereitete Gläser schichten.

4. Thymian und Rosmarin abspülen, trocken tupfen. Olivenöl mit Pfefferbeeren, Thymian und Rosmarin mischen. Die eingeschichteten Zitrusfrüchte mit dem Olivenöl auffüllen, mit Frischhaltefolie (ohne Deckel) zudecken, dunkel und kalt gestellt etwa 10 Tage vor dem Verzehr durchziehen lassen.

Tipp:

Nach Entnahme einzelner Fruchtstücke darauf achten, dass die restlichen Fruchtstücke immer mit Olivenöl bedeckt sind. Reichen Sie die eingelegten Zitrusfrüchte zu gegrilltem Fleisch und Fisch oder als fruchtige Beilage zu Salaten. Das Olivenöl kann z. B. für Salatsaucen verwendet werden.

Eingelegte Zitronen

Schnell

2650 ml

Zubereitungszeit: 30 Minuten
Haltbarkeit: 9–12 Monate

Insgesamt:
E: 9 g, F: 8 g, Kh: 89 g,
kJ: 2594, kcal: 618, BE: 7,5

Zutaten:

12	Bio-Zitronen (unbehandelt, ungewachst, mit möglichst dünner Schale und ohne Kerne)
12 EL	grobes Meersalz
2 Stangen	Zimt, grob in Stücke gebrochen
1 TL	Koriandersamen

1. Zitronen heiß abwaschen und abtrocknen. Die Zitronen jeweils kreuzweise von oben bis zur Mitte einschneiden, dabei den austretenden Saft auffangen. Je 1 Esslöffel Meersalz in die Zitronen geben.

2. Die Zitronen wieder zusammendrücken, mit Zimtstücken, Koriander-, Kreuzkümmelsamen, Pfefferkörnern, Gewürznelken, Chilischoten und Lorbeerblättern in ein großes, vorbereitetes Einmachglas (1½–2 Liter Inhalt) oder 2 kleinere Gläser abwechselnd einschichten, so dass alle Zutaten dicht aneinander liegen.

(Fortsetzung Seite 32)

Eingelegtes süßsauer

Tipp:
Je länger die Zitronen stehen und durchziehen, desto weicher wird die Schale. Zitronen als Beilage zu Fleisch oder zu kaltem Fisch reichen.

1 TL	Kreuzkümmelsamen
1 EL	schwarze Pfefferkörner
12	Gewürznelken
2	getrocknete, rote Chilischoten
6	Lorbeerblätter
	kochendes Wasser

3. Zitronen während des Einschichtens leicht zusammendrücken, so dass etwas Saft aus den Zitronen läuft. Restliches Meersalz und den aufgefangenen Zitronensaft hinzugeben. Die Zitronen mit so viel kochendem Wasser übergießen, dass sie bedeckt sind. Das Glas oder die Gläser mit Twist-off-Deckeln® verschließen und vor dem Verzehr 1–2 Monate bei Zimmertemperatur stehen und durchziehen lassen.

Mixed Pickles mit Ingwer und Minze

Klassisch

etwa 2200 ml

Zubereitungszeit: 30 Minuten, ohne Durchziehzeit
Haltbarkeit: kühl, dunkel und trocken gestellt 6–9 Monate

Insgesamt:
E: 18 g, F: 2 g, Kh: 36 g, kJ: 1648, kcal: 395, BE: 0

Zutaten:

1 kg	gemischtes Gemüse, je nach Saison, z. B. 1 kleine Fenchelknolle, Möhren, Staudensellerie, rote und gelbe Paprikaschoten, Frühlingszwiebeln, Blumenkohl, Brokkoli oder Romanesco
110 g	Meersalz
3 Stängel	frische Minze
1 walnussgroßes Stück	Ingwer
1 l	Reisessig

1. Von der Fenchelknolle die Stiele dicht oberhalb der Knolle abschneiden. Braune Stellen und Blätter entfernen. Wurzelende gerade schneiden. Die Knolle waschen, abtropfen lassen, halbieren und in Spalten schneiden. Möhren putzen, schälen, waschen, abtropfen lassen. Staudensellerie putzen und die harten Außenfäden abziehen. Sellerie waschen, abtropfen lassen. Möhren und Selleriestangen vierteln.

2. Paprikaschoten halbieren, entstielen, entkernen und die weißen Scheidewände entfernen. Schotenhälften waschen, trocken tupfen und in Streifen schneiden. Frühlingszwiebeln putzen, waschen und abtropfen lassen. Das Grün der Frühlingszwiebeln abschneiden (wird zäh). Blumenkohl, Brokkoli oder Romanesco putzen, Blätter und schlechte Stellen entfernen. Blumenkohl, Brokkoli oder Romanesco in Röschen teilen, waschen und abtropfen lassen.

3. Vorbereitetes Gemüse in eine große Schüssel geben und mit Salz bestreuen. Einen Teller zum Beschweren darauflegen. Gemüse 10–12 Stunden durchziehen lassen.

4. Gemüse unter fließendem kalten Wasser abspülen, in einem Sieb gut abtropfen lassen und mit Küchenpapier trocken tupfen.

5. Minze abspülen und trocken tupfen. Ingwer schälen und in dünne Scheiben schneiden.

6. Das Gemüse mit Minze und Ingwerscheiben in ein großes, vorbereitetes Glas füllen, mit dem Reisessig übergießen (Glas vorsichtig aufstoßen, um Luftblasen zu verhindern). Das Glas mit einem Twist-off-Deckel® fest verschließen (Deckel sollte säurebeständig sein). Mixed Pickles etwa 6 Wochen kalt, dunkel und trocken gestellt vor dem Verzehr durchziehen lassen.

Eingelegtes süßsauer

etwa 4 Gläser je 200 ml

Zubereitungszeit: 60 Minuten
Haltbarkeit: gekühlt
etwa 10 Tage

Insgesamt:
E: 71 g, F: 311 g, Kh: 77 g,
kJ: 14212, kcal: 3393, BE: 0,5

Tipp:
Mit gemischten Salatzutaten anrichten.

Eingelegte Paprika mit Schafkäse

Raffiniert

Zutaten:

je 3	rote, gelbe und grüne Paprikaschoten
300 g	Schafkäse, im Stück
6	Schalotten
6	Knoblauchzehen
3 kleine	rote Chilischoten
3	Saft von Zitronen
½ gestr. TL	Salz
	frisch gemahlener Pfeffer
etwa 250 ml (¼ l)	Olivenöl

1. Den Backofen vorheizen. Paprikaschoten vierteln, entstielen, entkernen und die weißen Scheidewände entfernen. Schotenviertel waschen, abtropfen lassen und mit der Hautseite nach oben auf ein Backblech (gefettet) legen. Das Backblech in den vorgeheizten Backofen schieben.

Ober-/Unterhitze: etwa 220 °C
Heißluft: etwa 200 °C
Bratzeit: 10–15 Minuten.

2. Paprikaviertel so lange braten, bis die Haut dunkel wird und Blasen wirft. Das Backblech aus dem Backofen nehmen. Paprikaviertel mit einem feuchten Tuch bedecken und etwas abkühlen lassen. Dann die Haut abziehen.

3. Schafkäse in Würfel schneiden. Schalotten und Knoblauch abziehen, in grobe Stücke schneiden. Chilischoten waschen und abtropfen lassen.

4. Paprikaviertel, Schafkäsewürfel, Schalotten- und Knoblauchstücke in vorbereitete Gläser füllen. Mit Zitronensaft, Salz und Pfeffer würzen. Die Gläser randvoll mit Olivenöl auffüllen. Die Gläser mit einem Deckel verschließen und gut gekühlt etwa 5 Tage durchziehen lassen.

5. Eingelegte Paprika mit Schafkäse bis zum Verzehr im Kühlschrank aufbewahren.

etwa 2 Gläser je 500 ml

Zubereitungszeit: 35 Minuten
Haltbarkeit: gekühlt
etwa 6 Monate

Insgesamt:
E: 10 g, F: 4 g, Kh: 161 g,
kJ: 3761, kcal: 898, BE: 11,0

Eingelegte Paprikaschoten

Mit Alkohol

Zutaten:

je 250 g	rote, grüne und gelbe Paprikaschoten
½	Zitronenscheiben von Bio-Zitrone (unbehandelt, ungewachst)

1. Die Paprikaschoten halbieren, entstielen, entkernen und die weißen Scheidewände entfernen. Schoten in grobe Stücke schneiden, waschen und abtropfen lassen. Zitrone heiß abwaschen, abtrocknen und in Scheiben schneiden.

2. Knoblauch abziehen und in Scheiben schneiden. Majoranblättchen abspülen und trocken tupfen.

(Fortsetzung Seite 36)

Eingelegtes süßsauer

3	Knoblauchzehen
2 EL	frische Majoranblättchen
175 ml	trockener Weißwein
175 ml	Weißweinessig
175 ml	Wasser
125 g	Zucker
1 ½ gestr. TL	Salz
1 TL	Senfkörner
5	Pimentkörner
5	weiße Pfefferkörner

3. Paprikastücke mit Knoblauch- und Zitronenscheiben und Majoranblättchen randvoll in vorbereitete Einmachgläser schichten.

4. Wein, Essig, Wasser, Zucker, Salz, Senf-, Piment-, und Pfefferkörner in einem Topf zum Kochen bringen. Den Sud etwa 5 Minuten kochen lassen.

5. Den heißen Sud über die Paprikastücke gießen.

6. Jeweils Gummiring und Deckel nass auf den gesäuberten Glasrand legen, mit Bügel oder Feder verschließen. Gläser auf einem Einsatz in den Einkochtopf stellen, so viel kaltes Wasser hinzugießen, dass die Gläser zu ¾ von Wasser umgeben sind.

7. Den Topf verschließen. Die Paprikaschoten etwa 30 Minuten bei etwa 75 °C einkochen. Die Gläser herausnehmen, erkalten lassen und kühl aufbewahren.

Grüne Oliven in Öl

Für Gäste

etwa 800 ml

Zubereitungszeit: 25 Minuten, ohne Durchziehzeit
Haltbarkeit: kühl und dunkel gestellt 6–9 Monate

Insgesamt:
E: 5 g, F: 441 g, Kh: 13 g, kJ: 16751, kcal: 4000, BE: 0

Zutaten:

320 g	grüne Oliven (aus dem Glas)
1 TL	Fenchelsamen
4	Knoblauchzehen
1 langer Streifen	Zitronenschale von
1	Bio-Zitrone (unbehandelt, ungewachst)
3 Zweige	frischer Thymian
etwa 400 ml	Olivenöl

1. Oliven abspülen und trocken tupfen. Oliven mit einem Fleischklopfer oder mit der Unterseite eines dicken Glases leicht aufschlagen und jeweils den Stein entfernen. Fenchelsamen leicht zerdrücken. Knoblauch abziehen, zerdrücken oder durch eine Knoblauchpresse drücken. Zitrone heiß abwaschen, abtrocknen und einen langen Streifen von der Zitrone abschälen. Thymian abspülen und trocken tupfen.

2. Oliven mit Fenchelsamen, Knoblauch, Zitronenschale und Thymian in vorbereitete Gläser geben. Gläser dabei etwas auf die Arbeitsfläche aufstoßen, damit die Oliven dicht im Glas zusammenrutschen.

3. Die Oliven mit so viel Olivenöl übergießen, dass sie gut bedeckt sind. Die Gläser nochmals vorsichtig aufstoßen, damit Luftblasen entweichen können.

4. Die Gläser mit Twist-off-Deckeln® verschließen. Oliven kalt, dunkel und trocken gestellt etwa 2 Wochen vor dem Verzehr durchziehen lassen. Die Gläser während der Durchziehzeit ab und zu schwenken.

Provenzalisches Gemüse

Mit Alkohol

3–4 Gläser je 370 ml

Zubereitungszeit: 60 Minuten
Haltbarkeit: kühl und dunkel gestellt etwa 6 Monate

Insgesamt:
E: 17 g, F: 6 g, Kh: 193 g, kJ: 4728, kcal: 1128, BE: 13,0

Zutaten:

je 1–2	rote und gelbe Paprikaschoten (etwa 500 g)
250 g	Zucchini
250 g	Auberginen
250 g	kleine Tomaten

Für den Sud:

250 ml (1/4 l)	Weißwein
250 ml (1/4 l)	Weißweinessig
250 ml (1/4 l)	Wasser
1/4	Bio-Zitrone (unbehandelt, ungewachst), in Scheiben
1/2 EL	Senfkörner
je 7–8	Piment- und schwarze Pfefferkörner
1 1/2 schwach geh. TL	Salz
150 g	Zucker
2–3	Knoblauchzehen
1/4 Bund	Thymian
1–2 Zweige	Rosmarin
1/2 Pck.	Einmach-Hilfe

1. Paprikaschoten halbieren, entstielen, entkernen und die weißen Scheidewände entfernen. Schoten waschen, abtropfen lassen und in breite Streifen schneiden. Zucchini waschen, abtrocknen und die Enden abschneiden. Zucchini in Größe der Paprikaschotenstreifen oder in Scheiben schneiden.

2. Auberginen waschen, abtrocknen und die Stängelansätze abschneiden. Auberginen in Größe der Zucchini schneiden. Tomaten waschen, abtropfen lassen, kreuzweise einschneiden und kurz in kochendes Wasser legen. Tomaten in kaltem Wasser abschrecken, enthäuten, halbieren, entkernen und die Stängelansätze herausschneiden.

3. Für den Sud Wein, Essig, Wasser, Zitronenscheiben, Senf-, Piment-, Pfefferkörner, Salz und Zucker in einem Topf zum Kochen bringen, zugedeckt etwa 10 Minuten kochen lassen. Paprikastreifen hinzugeben und weitere etwa 7 Minuten kochen lassen. Zucchini- und Auberginenstücke hinzufügen und nochmals weitere etwa 2 Minuten kochen lassen. Zuletzt Tomatenhälften unterheben und miterhitzen.

4. Knoblauch abziehen und in Scheiben schneiden. Thymian und Rosmarin abspülen und trocken tupfen. Die Blättchen bzw. Nadeln von den Stängeln zupfen.

5. Das gegarte Gemüse mit einer Schaumkelle aus dem Sud nehmen. Mit Knoblauchscheiben, Thymianblättchen und Rosmarinnadeln in vorbereitete Gläser füllen.

6. Den Sud wieder zum Kochen bringen und etwa 10 Minuten ohne Deckel kochen lassen. Den Topf von der Kochstelle nehmen, Einmach-Hilfe unter den Sud rühren. Den Sud durch ein Sieb geben und sofort randvoll in die Gläser gießen. Die Gläser sofort mit Twist-off-Deckeln® verschließen, umdrehen und etwa 5 Minuten auf den Deckeln stehen lassen.

Tipp:

Mit Fladenbrot und Crème fraîche mit frischen Kräutern als Vorspeise oder kleine Mahlzeit servieren.

Eingelegtes süßsauer

Süßsauer eingelegte Zucchini mit Curry

Einfach

1200–1400 ml

Zubereitungszeit: 20 Minuten, ohne Durchziehzeit
Haltbarkeit: etwa 6 Monate

Insgesamt:
E: 17 g, F: 4 g, Kh: 430 g, kJ: 8179, kcal: 1955, BE: 33,5

Zutaten:

4	Zucchini
1	Zwiebel
1 gestr. TL	Salz
1	rote Paprikaschote
700 ml	Weißweinessig oder weißer Balsamico-Essig
400 g	Zucker
1–2 gestr. TL	Selleriesalz
2 TL	Currypulver indisch

1. Zucchini waschen, abtrocknen und die Enden abschneiden. Zucchini in haselnussgroße Würfel schneiden. Zwiebel abziehen und in kleine Würfel schneiden.

2. Zucchini- und Zwiebelwürfel in einer Schüssel mischen, Salz untermengen. Zucchini-Zwiebel-Mischung über Nacht durchziehen lassen.

3. Zucchini-Zwiebel-Mischung in ein Sieb geben, unter fließendem kalten Wasser abspülen und gut abtropfen lassen.

4. Paprikaschote halbieren, entstielen, entkernen und die weißen Scheidewände entfernen. Schotenhälften waschen, trocken tupfen und in Streifen schneiden. Zucchini-Zwiebel-Mischung in einer Schüssel mit den Paprikastreifen mischen.

5. Essig, Zucker, Selleriesalz und Curry in einem Topf zum Kochen bringen. Die heiße Essig-Zucker-Lösung über die Zucchini-Paprika-Mischung gießen und sofort randvoll in vorbereitete Gläser füllen.

6. Die Gläser sofort mit Twist-off-Deckeln® verschließen. Eingelegte Zucchini 3–4 Wochen vor dem Verzehr durchziehen lassen.

Eingelegtes süßsauer

Schafkäse und Chili in Olivenöl

Einfach (im Foto links)

2 Gläser je etwa 250 ml

Zubereitungszeit: 15 Minuten, ohne Durchziehzeit
Haltbarkeit: kühl und dunkel gestellt etwa 2 Wochen

Insgesamt:
E: 35 g, F: 237 g, Kh: 4 g, kJ: 9442, kcal: 2254, BE: 0

Zutaten:

etwa 200 g	Schafkäse
1–2 kleine	getrocknete Chilischoten
1–2 Zweige	frischer Thymian
1 kleiner Zweig	frischer Rosmarin
1–2 kleine	Knoblauchzehen
6	schwarze Pfefferkörner
etwa 200 ml	kalt gepresstes Olivenöl

1. Schafkäse in Würfel schneiden und in vorbereitete Gläser geben. Chilischoten eventuell halbieren, entkernen und in kleine Würfel schneiden. Thymian- und Rosmarinzweig abspülen und trocken tupfen. Knoblauch abziehen und mit den Pfefferkörnern etwas zerdrücken.

2. Chili, Thymian, Rosmarin, Knoblauch und Pfeffer in den Gläsern mit den Käsewürfeln verteilen, mit so viel Olivenöl übergießen, dass die Käsewürfel gut bedeckt sind. Die Gläser mit Twist-off-Deckeln® verschließen, kalt und dunkel gestellt mindestens 1 Woche vor dem Verzehr durchziehen lassen. Nach dem Öffnen innerhalb von 2 Wochen verbrauchen.

Tipp:
Schafkäse passt gut zu knusprigem Brot oder zu knackigen Blattsalaten. In Scheiben geschnitten ist der Schafkäse ein vorzüglicher Pizzabelag.

Ziegenkäse und Kräuter in Olivenöl

Raffiniert (im Foto rechts)

4–6 Portionen

Zubereitungszeit: 20 Minuten, ohne Durchziehzeit

Insgesamt:
E: 118 g, F: 480 g, Kh: 3 g, kJ: 19563, kcal: 4689, BE: 0

Zutaten:

3 frische	Thymianzweige
1 frischer	Rosmarinzweig
3 kleine	Knoblauchzehen
6 Stück	Ziegenkäse, z. B. Crottin de Chavignol (je 60–75 g)
3 kleine	Lorbeerblätter
6	schwarze Pfefferkörner
etwa 350 ml	kalt gepresstes Olivenöl

1. Thymian und Rosmarin abspülen und trockentupfen. Knoblauch abziehen.

2. Ziegenkäse, Lorbeerblätter, Kräuterzweige, Knoblauch und Pfefferkörner in 1 vorbereitetes Glas (1/2 Liter Inhalt) geben, mit so viel Olivenöl übergießen, dass der Ziegenkäse jeweils gut bedeckt ist.

3. Gläser mit Twist-off-Deckeln® verschließen, kalt und dunkel gestellt mindestens 1–2 Wochen vor dem Verzehr durchziehen lassen.

4. Ziegenkäse nach dem Öffnen innerhalb von 6–8 Wochen verbrauchen.

Zubereitungszeit: 40 Minuten, ohne Marinierzeit
Haltbarkeit: gekühlt etwa 1 Woche

Insgesamt:
E: 103 g, F: 114 g, Kh: 21 g, kJ: 6401, kcal: 1528, BE: 0,5

Marinierte Makrelen

Für Gäste

Zutaten:

2	frische Makrelen (je etwa 400 g)
2	rote Zwiebeln
1	Möhre
1	Stange Frühlingszwiebeln
2 Stängel	Dill
125 ml (1/8 l)	Rot- oder Weißweinessig
50 ml	Wasser
1/2 gestr. TL	Salz
1 TL	Zucker
2	Lorbeerblätter
3	Gewürznelken
4	Pimentkörner
1 TL	Senfkörner
5 EL	Olivenöl
	frisch gemahlener Pfeffer

1. Makrelen filetieren und die Gräten eventuell mit einer Pinzette herausziehen. Makrelenfilets unter fließendem kalten Wasser abspülen und trocken tupfen.

2. Zwiebeln abziehen. Möhre putzen, schälen, waschen, abtropfen lassen. Frühlingszwiebel putzen, waschen, abtropfen lassen. Zwiebeln, Möhre und Frühlingszwiebel in etwa streichholzdicke Streifen schneiden. Dill abspülen und trocken tupfen.

3. Essig, Wasser, Salz und Zucker in einem Topf zum Kochen bringen. Die vorbereiteten Gemüsestifte, Lorbeerblätter, Nelken, Piment- und Senfkörner hinzugeben, kurz aufkochen lassen. Olivenöl unterrühren.

4. Makrelenfilets mit Salz und Pfeffer würzen und in eine tiefe Auflaufform legen. Dillstängel hinzufügen. Mit Olivenöl beträufeln.

5. Die Makrelenfilets mit dem kochenden Sud und Gemüse übergießen. Makrelenfilets mit Frischhaltefolie bedecken und kalt gestellt etwa 24 Stunden marinieren.

Eingelegtes süßsauer

Senffrüchte (Foto)

Für Gäste

etwa 1000 ml

Zubereitungszeit: 50 Minuten
Haltbarkeit: gekühlt
6–8 Wochen

Insgesamt:
E: 26 g, F: 7 g, Kh: 978 g,
kJ: 17455, kcal: 4168, BE: 81,5

Tipp:
Angebrochene Gläser schnell verbrauchen.

Zutaten:

500 g	Birnen
500 g	grüne, kernlose Weintrauben
500 g	Aprikosen
500 g	Pflaumen

Für die Essig-Zucker-Lösung:

200 ml	Weißweinessig
200 ml	Wasser
750 g	Zucker
1 Dose (56 g)	Senfmehl

1. Birnen schälen, vierteln und entkernen. Birnenviertel quer halbieren. Weintrauben waschen, abtropfen lassen, entstielen und halbieren.

2. Aprikosen und Pflaumen waschen, abtropfen lassen, halbieren und entsteinen.

3. Für die Essig-Zucker-Lösung Essig, Wasser und Zucker in einem Topf zum Kochen bringen. Das vorbereitete Obst darin nacheinander bei schwacher Hitze glasig kochen. Das Obst jeweils mit einer Schaumkelle herausnehmen und in eine Schüssel geben. Das gegarte Obst vorsichtig vermengen und in vorbereitete Gläser füllen.

4. Den Sud mit Senfmehl verrühren, zum Kochen bringen und etwa 10 Minuten etwas einkochen lassen. Den heißen Sud auf dem Obst verteilen. Gläser sofort mit Twist-off-Deckeln® verschließen, umdrehen und etwa 5 Minuten auf den Deckeln stehen lassen. Senffrüchte 2–3 Tage vor dem Verzehr durchziehen lassen.

Senfgurken

Klassisch

1500 ml

Zubereitungszeit: 35 Minuten, ohne Durchziehzeit
Haltbarkeit: dunkel gestellt
etwa 6 Monate

Insgesamt:
E: 17 g, F: 11 g, Kh: 406 g,
kJ: 7806, kcal: 1863, BE: 31,5

Zutaten:

2,5 kg	Gemüsegurken
etwa 1 1/2 gestr. EL	Salz
	Wasser

Für die Essig-Zucker-Lösung:

250 ml (1/4 l)	Weißweinessig
250 ml (1/4 l)	Wasser
375 g	Zucker
1 EL	Salz
2 EL	gelbe Senfkörner
1 Pck.	Einmach-Hilfe

1. Gurken schälen, der Länge nach durchschneiden und die Kerne mit einem Löffel herauskratzen.

2. Gurken in 2–3 cm dicke Stücke schneiden, in eine große Schüssel geben und mit Salz bestreuen.

3. So viel Wasser hinzufügen, dass die Gurkenstücke bedeckt sind. Gurkenstücke zugedeckt 24 Stunden an einem kühlen Ort stehen lassen.

4. Gurkenstücke in einem Sieb abtropfen lassen und in vorbereitete Gläser füllen.

5. Für die Essig-Zucker-Lösung Essig mit Wasser, Zucker, Salz und Senfkörnern in einem Topf kurz aufkochen lassen. Topf von der Kochstelle nehmen, Einmach-Hilfe unterrühren. Den Sud über die Gurken gießen.

6. Die Gläser sofort mit Twist-off-Deckeln® verschließen.

etwa 1500 ml

Zubereitungszeit: 50 Minuten
Haltbarkeit: dunkel gestellt etwa 6 Monate

Insgesamt:
E: 21 g, F: 7 g, Kh: 163 g,
kJ: 3561, kcal: 854, BE: 12,5

Würzig eingelegte Rote Bete

Dauert länger

Zutaten:

4 große	Knollen Rote Bete (etwa 1 kg)
	kochendes Salzwasser (auf 1 l Wasser 1 TL Salz)
5	Zwiebeln
2	Lorbeerblätter
12–15	Gewürznelken
12–15	Pimentkörner
1 EL	Senfsamen

Für die Essig-Zucker-Lösung:

500 ml (½ l)	Wasser
75 g	Zucker
1 gestr. TL	Salz
250 ml (¼ l)	Weißweinessig

1. Von der Roten Bete Wurzeln und Blätter etwa 3 cm hoch über den Knollen abschneiden. Die Knollen mit der Bürste unter fließendem Wasser säubern, in kochendes Salzwasser geben, zum Kochen bringen und zugedeckt etwa 60 Minuten weich kochen lassen.

2. Rote Bete aus dem Kochwasser nehmen, mit kaltem Wasser übergießen, schälen, vierteln und in Scheiben schneiden.

3. Zwiebeln abziehen und in Scheiben schneiden. Lorbeerblätter in kleine Stücke brechen.

4. Rote-Bete-Scheiben mit Zwiebelscheiben, Lorbeerblattstückchen, Nelken, Piment- und Senfkörnern gleichmäßig in vorbereitete Gläser schichten.

5. Für die Essig-Zucker-Lösung Wasser mit Zucker und Salz in einem Topf kurz aufkochen lassen. Topf von der Kochstelle nehmen. Essig unterrühren.

6. Die Essig-Zucker-Lösung über die Rote-Bete-Scheiben gießen. Die Gläser sofort mit Twist-off-Deckeln® verschließen, umdrehen und etwa 5 Minuten auf den Deckeln stehen lassen.

Eingelegtes süßsauer

Joghurtbällchen in Kräuteröl (Foto)

Raffiniert

6–8 Portionen

Zubereitungszeit:
35 Minuten, ohne Abtropf- und Kühlzeit
Haltbarkeit:
gekühlt 6–8 Wochen

Insgesamt:
E: 45 g, F: 543 g, Kh: 61 g, kJ: 22836, kcal: 5458, BE: 5,0

Tipp:
Joghurtbällchen passen gut zu knusprigem Brot oder zu knackigen Blattsalaten.

Zutaten:

1 ½ kg	Vollmilchjoghurt
2 gestr. TL	Salz
2 frische	Lorbeerblätter
3 Zweige	frischer Thymian
2 Zweige	frischer Oregano
500 ml (½ l)	kalt gepresstes Olivenöl

Außerdem:

evtl. 1	Passiertuch

1. Joghurt in eine Schüssel geben und mit Salz verrühren. Anschließend in ein Sieb geben (mit einem Passiertuch oder mit Küchenpapier ausgelegt). Sieb auf eine Schüssel setzen. Joghurt im Kühlschrank gut abtropfen lassen (am besten 2 Tage).

2. Den abgetropften Joghurt (er hat jetzt die Konsistenz von italienischem Ricottakäse) mit angefeuchteten Händen oder mit 2 Löffeln in taubeneigroße Bällchen formen und auf einen flachen Teller legen. Die Bällchen nochmals zugedeckt etwa 3 Stunden kalt stellen, bis sie fest geworden sind.

3. Lorbeerblätter, Thymian- und Oreganozweige abspülen und trocken tupfen.

4. Die Joghurtbällchen mit den Lorbeerblättern und den Kräuterzweigen in vorbereitete Einweckgläser geben und mit so viel Olivenöl übergießen, dass die Bällchen gut bedeckt sind. Gläser mit Twist-off-Deckeln® verschließen.

5. Joghurtbällchen mindestens 1–2 Wochen kalt, dunkel und trocken aufbewahren. Nach dem Öffnen möglichst innerhalb 6–8 Wochen verbrauchen.

Mit Ziegenfrischkäse gefüllte Peperoni

Schnell

Zubereitungszeit: 20 Minuten
Haltbarkeit: gekühlt höchstens 3 Wochen

Insgesamt:
E: 11 g, F: 248 g, Kh: 12 g, kJ: 9577, kcal: 2292, BE: 0,5

Zutaten:

4 große	rote Peperoni
3 Stück	Ziegenfrischkäse (je etwa 40 g)
10	schwarze Oliven
3	Lorbeerblätter
200 ml	Olivenöl

1. Peperoni waschen, abtrocknen und die Stängelansätze abschneiden. Die Kerne vorsichtig mit einem Messer entfernen. Frischkäse verrühren und in einen Spritzbeutel mit Lochtülle füllen. Die Frischkäsemasse in die Peperoni spritzen.

2. Die gefüllten Peperoni mit den Oliven in vorbereitete Gläser schichten. Lorbeerblätter hinzufügen. Die Zutaten mit so viel Olivenöl übergießen, dass die eingeschichteten Zutaten gut bedeckt sind.

3. Die Gläser mit Twist-off-Deckeln® verschließen und in den Kühlschrank stellen.

Ananas und Birnen, eingemacht

Raffiniert

etwa 1000 ml

Zubereitungszeit: 30 Minuten
Haltbarkeit: kühl, dunkel und trocken gestellt etwa 1 Jahr

Insgesamt:
E: 7 g, F: 3 g, Kh: 651 g, kJ: 11305, kcal: 2670, BE: 54,5

Zutaten:

1 frische	Ananas (etwa 700 g)
1 kg	nicht ganz reife Birnen
4 Stück	Sternanis
½–1 EL	bunte Pfefferkörner
220 ml	Wasser
500 g	Extra Gelier Zucker (2:1)

1. Ananas schälen, vierteln und das harte Mittelstück herausschneiden. Fruchtfleisch in sehr kleine Würfel (erbsengroß) schneiden und 500 g abwiegen. Den herauslaufenden Saft dabei auffangen. Birnen waschen, schälen, vierteln, entkernen und in dünne Scheiben schneiden.

2. Ananaswürfel, -saft, Sternanis, Pfefferkörner und 220 ml Wasser in einem Topf zum Kochen bringen, zugedeckt etwa 20 Minuten bei schwacher Hitze unter gelegentlichem Rühren köcheln lassen, bis die Ananaswürfel weich sind. Birnenscheiben hinzugeben, zugedeckt weitere etwa 10 Minuten unter gelegentlichem Rühren köcheln lassen, bis die Birnenscheiben weich sind.

3. Gelier Zucker unterrühren. Die Fruchtmasse zum Kochen bringen und mindestens 3 Minuten bei mittlerer Hitze unter ständigem Rühren kochen lassen.

4. Die Fruchtmasse sofort in vorbereitete Gläser füllen und mit Twist-off-Deckeln® verschließen.

1000 ml

Zubereitungszeit: 40 Minuten
Haltbarkeit: gekühlt
2–3 Wochen

Insgesamt:
E: 15 g, F: 2 g, Kh: 71 g,
kJ: 1772, kcal: 425, BE: 3,0

Möhren-Champignons, eingelegt

Preiswert

Zutaten:

400 g	nicht zu kleine Möhren
200 g	sehr kleine Champignons
	Saft von
1	Zitrone
1 Bund	Frühlingszwiebeln

Für die Essiglösung:

250 ml (1/4 l)	Rotweinessig
2 EL	Zucker
125 ml (1/8 l)	Wasser
2 TL	weiße Pfefferkörner
1 TL	Fenchelsamen
3	Salbeiblättchen
1–2	Lorbeerblätter
	Salz
2 Msp.	Einmach-Hilfe

1. Möhren putzen, schälen, waschen, abtropfen lassen und längs in regelmäßigen Abständen 4–5 Vertiefungen ausschneiden. Möhren in Scheiben schneiden (dadurch entsteht eine Blütenform).

2. Möhrenscheiben mit den entstandenen ausgeschnittenen Möhrenstreifen in einen Kochtopf geben.

3. Champignons putzen, mit Küchenpapier abreiben, eventuell abspülen und trocken tupfen. Mit Zitronensaft zu den Möhrenscheiben geben.

4. Frühlingszwiebeln putzen, waschen, abtropfen lassen und in Stücke schneiden.

5. Für die Essiglösung Essig mit Zucker, Wasser, Pfefferkörnern, Fenchelsamen, Salbeiblättchen, Lorbeerblättern und Salz in einem Topf zum Kochen bringen.

6. Möhrenscheiben und Champignons hinzufügen, zum Kochen bringen und etwa 5 Minuten ziehen lassen. Topf von der Kochstelle nehmen.

7. Möhrenscheiben mit Champignons und Frühlingszwiebelstücken in vorbereitete Gläser füllen.

8. Die Essiglösung nochmals zum Kochen bringen. Den Topf von der Kochstelle nehmen und Einmach-Hilfe unterrühren.

9. Die Essiglösung über das Gemüse gießen. Die Gläser sofort mit Twist-off-Deckeln® verschließen und kalt gestellt mindestens 2–3 Tage vor dem Verzehr durchziehen lassen.

Bauernleber-Pastete

Für Gäste – mit Alkohol

4 Gläser je 500 ml

Zubereitungszeit: 50 Minuten
Haltbarkeit: gekühlt etwa 4 Wochen

Insgesamt:
E: 245 g, F: 199 g, Kh: 31 g, kJ: 12378, kcal: 2956, BE: 2,6

Zutaten:

500 g	Rinderleber
500 g	Schweinemett
	Salz
	Pökelsalz
	frisch gemahlener, schwarzer Pfeffer
1/4 TL	gerebelter Majoran
1	Ei (Größe M)
2–3 EL	Weinbrand
65 g	Schlagsahne
250 g	durchwachsener Speck

1. Rinderleber unter fließendem kalten Wasser abspülen, trocken tupfen, durch die grobe Scheibe des Fleischwolfs drehen, mit Schweinemett vermengen. Mit Salz, Pökelsalz, Pfeffer und Majoran würzen. Ei, Weinbrand und Sahne gut untermengen.

2. Die Zutaten nochmals mit Handrührgerät mit Pürierstab oder im Mixer fein pürieren.

3. Speck in kleine Würfel schneiden, zur Fleischmasse geben, gut unterarbeiten und in vorbereitete Einkochgläser füllen.

4. Jeweils Gummiring und Deckel nass auf den gesäuberten Glasrand legen, mit Bügel oder Feder verschließen. Gläser auf einem Einsatz in den Einkochtopf stellen, so viel kaltes Wasser hinzugießen, dass die Gläser zu 3/4 von Wasser umgeben sind.

5. Den Topf verschließen, die Bauernleber-Pastete etwa 90 Minuten bei etwa 98 °C einkochen.

6. Die Gläser herausnehmen, erkalten lassen und kühl aufbewahren.

Tipp:
Die Bauernleber-Pastete mit Bauernbrot servieren.

Birnen in Senfsud (Foto)

Einfach

2–3 Gläser je 500 ml

Zubereitungszeit: 30 Minuten
Haltbarkeit: gekühlt
etwa 6 Monate

Insgesamt:
E: 22 g, F: 19 g, Kh: 353 g,
kJ: 7112, kcal: 1696, BE: 29,5

Tipp:
Die Rotweinessigmenge halbieren und durch 150 ml Rotwein ersetzen.

Zutaten:

Für die Essiglösung:

40 g	frischer Meerrettich
625 ml	Wasser
175 g	Zucker
etwa	
300 ml	Rotweinessig
½ TL	Salz
3	Lorbeerblätter
1 TL	weiße Pfefferkörner
3–4	Gewürznelken
1	getrocknete Chilischote
50 g	Senfkörner
1,25 kg	kleine, feste Birnen
½ Pck.	Einmach-Hilfe

1. Für die Essiglösung Meerrettich schälen, in dünne Streifen schneiden und in einen großen Topf geben. Wasser, Zucker, Rotweinessig, Salz, Lorbeerblätter, Pfefferkörner, Nelken, Chilischote und Senfkörner hinzufügen.

2. Birnen waschen, abtrocknen, mit Stiel und Blüte in die Essiglösung geben, zum Kochen bringen und so lange köcheln lassen, bis sich die Birnen mit einer Nadel durchstechen lassen.

3. Die Birnen mit einem Schaumlöffel aus der Essiglösung nehmen und in vorbereitete Gläser schichten. Die Essiglösung noch einmal aufkochen lassen und die Einmach-Hilfe unterrühren.

4. Die heiße Essiglösung über die Birnen gießen. Die Gläser sofort mit Twist-off-Deckeln® verschließen, umdrehen und etwa 5 Minuten auf den Deckeln stehen lassen. Birnen kühl (im Keller) aufbewahren.

Eingemachte Cocktailtomaten

Raffiniert

1000 ml

Zubereitungszeit:
20 Minuten, ohne Kühlzeit
Haltbarkeit: kühl und dunkel gestellt mindestens 3 Monate

Insgesamt:
E: 6 g, F: 240 g, Kh: 24 g,
kJ: 9491, kcal: 2264, BE: 0,5

Tipp:
Eingemachte Cocktailtomaten schmecken zu gebratenem Mittelmeerfisch (z. B. Dorade, Loup de mer, Rotbarbe)

Zutaten:

2 Schalen (je 250 g)	Cocktailtomaten
1	Zwiebel
1 geh. TL	mittelscharfer oder süßer Senf
6 EL	Balsamico-Essig
200 ml	Olivenöl
4 EL	Walnussöl
4	Lorbeerblätter
	Salz
	frisch gemahlener Pfeffer
	flüssiger Honig

1. Cocktailtomaten abwaschen, trocken tupfen und eventuell Stängelansätze entfernen. Tomaten einige Male mit einem spitzen Messer einstechen. Zwiebel abziehen und in sehr kleine Würfel schneiden.

2. Zwiebelwürfel in einen Topf geben. Senf, Essig, Oliven-, Walnussöl und Lorbeerblätter hinzufügen. Die Zutaten erhitzen (nicht kochen). Die Vinaigrette mit Salz, Pfeffer und Honig abschmecken.

3. Cocktailtomaten in vorbereitete Gläser füllen und sofort mit der heißen Vinaigrette übergießen. Gläser mit Twist-off-Deckeln® verschließen. Tomaten kühl und dunkel gestellt etwa 1 Woche vor dem Verzehr durchziehen lassen.

Eingemachtes

2 Gläser je 1000 ml

Zubereitungszeit:
50 Minuten, ohne Kühl- und Durchziehzeit
Haltbarkeit: 6–8 Monate

Insgesamt:
E: 21 g, F: 3 g, Kh: 665 g,
kJ: 11893, kcal: 2846, BE: 50,0

Eingekochter Kürbis, pikant

Gut vorzubereiten

Zutaten:

Zum Vorbereiten:

2 kg	Kürbis, z.B. Hokkaido- oder Muskatkürbis

Zum Marinieren:

auf je 1 kg	Kürbis, vorbereitet gewogen
125 ml (1/8 l)	Weißweinessig
125 ml (1/8 l)	Wasser

Für die Essig-Zucker-Lösung:

etwa 175 ml	Weißweinessig
etwa 175 ml	Wasser
600 g	Zucker
1/2	Saft und Schale von Bio-Zitrone (unbehandelt, ungewachst)
1 kleines Stück	geschälter Ingwer

1. Zum Vorbereiten Kürbis schälen, halbieren und die Kerne mit einem Löffel herauskratzen. Kürbisfleisch in etwa 1 1/2 cm große Würfel schneiden und in eine große Schüssel geben.

2. Zum Marinieren Essig und Wasser verrühren, auf den Kürbiswürfeln verteilen, zugedeckt über Nacht kalt stellen und durchziehen lassen.

3. Kürbiswürfel mit einem Schaumlöffel herausnehmen und in einem Sieb gut abtropfen lassen.

4. Für die Essig-Zucker-Lösung Essig, Wasser, Zucker, Zitronensaft, -schale und Ingwer in einem Topf zum Kochen bringen. Kürbiswürfel darin portionsweise 8–10 Minuten glasig kochen (nicht zu weich werden lassen).

5. Die Kürbiswürfel mit einem Schaumlöffel herausnehmen und in vorbereitete Einkochgläser füllen. Die Essig-Zucker-Lösung abkühlen lassen. Die Gläser mit der Essig-Zucker-Lösung auffüllen.

6. Jeweils Gummiring und Deckel nass auf den gesäuberten Glasrand legen, mit Bügel oder Feder verschließen. Gläser auf einem Einsatz in den Einkochtopf stellen, so viel kaltes Wasser hinzugießen, dass die Gläser zu 3/4 von Wasser umgeben sind.

7. Den Topf verschließen. Die Kürbiswürfel etwa 30 Minuten bei etwa 75 °C einkochen.

Tipp:

Kürbis zu gebratenem Fisch oder Sülze mit Bratkartoffeln reichen.

Gewürzgurken (im Foto hinten)

Klassisch – dauert länger

etwa 3 Gläser je 1000 ml

Zubereitungszeit:
60 Minuten, ohne Durchziehzeit
Haltbarkeit: gekühlt etwa 6 Monate

Insgesamt:
E: 22 g, F: 9 g, Kh: 209 g, kJ: 4655, kcal: 1110, BE: 13,5

Zutaten:

2 kg	nicht zu große Einlegegurken
500 ml (1/2 l)	Wasser
etwa 40 g	Salz
3–4	Zwiebeln oder Perlzwiebeln (etwa 185 g)
40 g	frischer Meerrettich
4–5 Zweige	Dill
2–3 Zweige	Estragon
2 frische	rote Pfefferschoten
1 EL	Senfkörner
1/2 EL	Pfefferkörner
2–3	Lorbeerblätter

Für die Essig-Zucker-Lösung

500 ml (1/2 l)	Weißweinessig
750 ml (3/4 l)	Wasser
150 g	Zucker
1/2 Pck.	Einmach-Hilfe

1. Gurken gründlich waschen und in eine Schüssel geben. Wasser mit Salz verrühren, über die Gurken gießen und 12–24 Stunden an einem kühlen Ort stehen lassen.

2. Gurken aus dem Salzwasser nehmen, sorgfältig abbürsten und abspülen. Gurken einzeln mit einem Tuch abtrocknen und die schlechten Stellen entfernen.

3. Zwiebeln abziehen und in Scheiben schneiden. Meerrettich schälen und in Stücke schneiden. Dill- und Estragonzweige abspülen, trocken tupfen. Pfefferschoten waschen, abtrocknen und in Scheiben schneiden.

4. Gurken abwechselnd mit den vorbereiteten Zutaten, Senfkörnern, Pfefferkörnern und Lorbeerblättern in vorbereitete Gläser schichten.

5. Für die Essig-Zucker-Lösung Essig mit Wasser und Zucker in einem Topf zum Kochen bringen. Topf von der Kochstelle nehmen, Einmach-Hilfe unterrühren. So viel von der Essig-Zucker-Lösung über die Gurken gießen, dass sie gut bedeckt sind.

6. Die Gläser sofort mit Twist-off-Deckeln® verschließen, an einem kühlen Ort (im Keller) mindestens 3 Wochen vor dem Verzehr durchziehen lassen.

Gewürzbirnen mit rotem Pfeffer

Mit Alkohol (im Foto vorn)

2000 ml

Zubereitungszeit: 40 Minuten, ohne Durchziehzeit
Haltbarkeit:
gekühlt 2–3 Monate

Insgesamt:
E: 11 g, F: 7 g, Kh: 376 g, kJ: 7922, kcal: 1888, BE: 31,5

Zutaten:

1 3/4 kg	kleine, reife Birnen
400 ml	Weißweinessig
je 1/2 EL	Koriandersamen und Kreuzkümmel

1. Birnen schälen, halbieren, entkernen, in 400 ml Weinessig legen und etwa 7 Stunden durchziehen lassen.

2. Koriander und Kreuzkümmel in einer Pfanne ohne Fett kurz rösten und herausnehmen.

3. Orange heiß abwaschen, abtrocknen und die Schale dünn raspeln oder hauchdünn schälen.

(Fortsetzung Seite 64)

1	Schale von Bio-Orange (unbehandelt, ungewachst)
375 ml (3/8 l)	Weißwein
2 EL	Sherry
100 g	flüssiger Honig
125 g	Zucker
1/2 gestr. TL	Salz
1 EL	eingelegte, rote Pfefferkörner

4. Wein, Sherry, Honig, Zucker, Salz, Koriander, Kreuzkümmel, Pfefferkörner und Orangenschale in einem Topf zum Kochen bringen und abschmecken, eventuell nachsalzen.

5. Birnenhälften in vorbereitete Einkochgläser schichten, mit dem heißen Sud übergießen.

6. Jeweils Gummiring und Deckel nass auf den gesäuberten Glasrand legen, mit Bügel oder Feder verschließen. Gläser auf einem Einsatz in den Einkochtopf stellen, so viel kaltes Wasser hinzugießen, dass die Gläser zu 3/4 von Wasser umgeben sind.

7. Den Topf verschließen. Die Birnen etwa 30 Minuten bei etwa 90 °C einkochen (besonders harte Birnen etwa 45 Minuten einkochen).

8. Die Gläser mit den Birnen herausnehmen und erkalten lassen.

Holunderbeersaft, gekocht

Klassisch

etwa 1500 ml

Zubereitungszeit: 30 Minuten
Haltbarkeit: gekühlt etwa 6 Wochen

Insgesamt:
E: 14 g, F: 7 g, Kh: 908 g, kJ: 16211, kcal: 3877, BE: 75,5

Zutaten:

2 kg	Holunderbeerdolden
1 1/4 l	Wasser
750 g–1 kg	Zucker
1/2 Pck.	Einmach-Hilfe

1. Holunderbeerdolden verlesen, waschen, gut abtropfen lassen, in einen Kochtopf geben und zerdrücken (am besten mit einem Stampfer). Wasser hinzugießen und zum Kochen bringen.

2. Holunderbeerdolden auf ein gespanntes Safttuch geben und gut ablaufen lassen.

3. Den gewonnenen Saft abmessen, in den gesäuberten Topf gießen, mit Zucker verrühren (auf 1 Liter Saft 3/4–1 kg Zucker nehmen), einmal aufkochen lassen und abschäumen. Den Topf von der Kochstelle nehmen. Einmach-Hilfe in den heißen Saft rühren.

4. Den Holunderbeersaft in Flaschen (mit Dreh- oder Schnappverschluss) füllen und heiß verschließen.

Pflaumen, süßsauer-scharf

Mit Alkohol

etwa 1000 ml

Zubereitungszeit:
50 Minuten, ohne Kühlzeit
Haltbarkeit: gekühlt
6 Wochen

Insgesamt:
E: 7 g, F: 2 g, Kh: 412 g,
kJ: 8284, kcal: 1978, BE: 34,5

Zutaten:

1 kg	Pflaumen
50 g	Ingwer
25 g	rote Pfefferschoten
	Schale von
½	Bio-Zitrone (unbehandelt, ungewachst)
50 ml	Weiß- oder Rotweinessig
300 g	brauner Zucker (Kandisfarin)
150 ml	Rotwein
150 ml	trockener Portwein
1	Zimtstange
1 Msp.	Einmach-Hilfe

1. Pflaumen waschen, gut abtropfen lassen, entstielen, halbieren, entsteinen, vierteln und in eine große Schüssel geben. Ingwer schälen und in dünne Scheiben schneiden.

2. Pfefferschoten abspülen, trocken tupfen, halbieren, entkernen und quer in dünne Streifen schneiden (danach gründlich die Hände waschen!). Zitrone heiß abwaschen, abtrocknen und hauchdünn mit einem Sparschäler schälen.

3. Essig mit Zucker, Rotwein, Portwein, Ingwerscheiben, Pfefferschotenstreifen, Zitronenschale und Zimtstange in einem Topf aufkochen. Die Flüssigkeit über die Pflaumenhälften gießen und zugedeckt über Nacht kalt stellen.

4. Pflaumenhälften in einem Sieb abtropfen lassen, dabei den Sud auffangen. Pflaumenhälften in vorbereitete Gläser schichten. Gläser auf ein feuchtes Tuch stellen.

5. Den Sud nochmals aufkochen, eventuell mit Essig und Zucker abschmecken. Den Topf von der Kochstelle nehmen und Einmach-Hilfe unterrühren.

6. Den Sud kochend heiß über die Pflaumenhälften gießen, bis sie ganz mit dem Sud bedeckt sind. Gläser sofort mit Twist-off-Deckeln® verschließen, erkalten und etwa 2 Tage vor dem Verzehr durchziehen lassen.

Tipp:
Die Pflaumen zu Gänse-, Enten- oder Schweinebraten reichen.

Würziges Apfelkompott mit Cidre

Mit Alkohol

(Foto)

etwa 800 ml

Zubereitungszeit: 20 Minuten
Haltbarkeit: kühl und dunkel gestellt 6–9 Monate

Insgesamt:
E: 3 g, F: 3 g, Kh: 224 g, kJ: 5110, kcal: 1224, BE: 18,5

Tipp:
Apfelkompott zu Reibekuchen servieren.

Zutaten:

1 Flasche	trockener Cidre (0,7 l)
etwa 1 kg	süßsaure Äpfel (z. B. Cox Orange)
	Saft und Schale von
1	Bio-Zitrone (unbehandelt, ungewachst)
etwa 75 g	Zucker
½ TL	gemahlener Zimt
1 Msp.	frisch geriebene Muskatnuss

1. Cidre in einem Topf zum Kochen bringen und um die Hälfte einkochen lassen.

2. Äpfel waschen, schälen, vierteln, entkernen und in Stücke schneiden. Zitrone heiß abwaschen, abtrocknen und die Schale abreiben. Zitrone halbieren und den Saft auspressen. Apfelstücke, Zitronensaft und -schale hinzugeben, zum Kochen bringen und zugedeckt etwa 15 Minuten bei schwacher Hitze garen, dabei ab und zu umrühren.

3. Die Hälfte der Apfelstücke durch eine Flotte Lotte (Passiermühle) passieren oder mit einer Gabel zerdrücken und wieder in den Topf geben. Mit Zucker abschmecken. Zimt und Muskat unterrühren. Apfelkompott nochmals aufkochen lassen.

4. Apfelkompott sofort in vorbereitete Gläser füllen, mit Twist-off-Deckeln® verschließen, umdrehen und etwa 5 Minuten auf den Deckeln stehen lassen.

Chili-Kompott

Zum Verschenken

etwa 450 ml

Zubereitungszeit: 25 Minuten
Haltbarkeit: kühl und dunkel gestellt höchstens 6 Monate

Insgesamt:
E: 12 g, F: 31 g, Kh: 60 g, kJ: 2511, kcal: 598, BE: 4,0

Zutaten:

3	Schalotten
1	Knoblauchzehe
je 1	rote und grüne Chilischote
30 g	getrocknete Tomaten
60 g	getrocknete Aprikosen
150 g	Tomaten
3 EL	Olivenöl
250 ml (¼ l)	Tomatensaft
	Salz
	frisch gemahlener Pfeffer
1 Spritzer	Zitronensaft

1. Schalotten und Knoblauch abziehen. Chilischoten abspülen, trocken tupfen, längs halbieren, entkernen. Gemüse in sehr kleine Würfel schneiden. Getrocknete Tomaten in feine Streifen schneiden. Aprikosen in sehr kleine Würfel (erbsengroß) schneiden.

2. Tomaten waschen, kreuzweise einschneiden und einige Sekunden in kochendes Wasser legen. Tomaten kurz in kaltes Wasser legen, enthäuten, halbieren, entkernen und die Stängelansätze herausschneiden. Tomatenhälften achteln.

3. Olivenöl in einem Topf erhitzen. Gemüsewürfel darin andünsten. Tomatensaft hinzugeben und kurz aufkochen lassen. Tomatenstreifen und Aprikosenwürfel hinzufügen. Die Zutaten zum Kochen bringen und 5–6 Minuten bei schwacher Hitze köcheln lassen. Frische Tomatenachtel hinzugeben und weitere 4–5 Minuten köcheln lassen.

4. Das Kompott mit Salz, Pfeffer und Zitronensaft abschmecken und sofort in vorbereitete Gläser füllen. Gläser mit Twist-off-Deckeln® verschließen, umdrehen und etwa 5 Minuten auf den Deckeln stehen lassen. Chili-Kompott kühl und dunkel gestellt etwa 1 Woche vor dem Verzehr durchziehen lassen.

Gurken in Bier *(im Foto links)*

Schnell

1 Glas etwa 1750 ml

Zubereitungszeit: 20 Minuten
Haltbarkeit: 2–3 Wochen

Insgesamt:
E: 4 g, F: 1 g, Kh: 32 g,
kJ: 1115, kcal: 264, BE: 2,0

Zutaten:

1 große	Salatgurke (etwa 800 g)
etwas	kochendes Salzwasser
1	Bio-Zitrone (unbehandelt, ungewachst)
375 ml (3/8 l)	dunkles Bier
2 TL	Zucker
1 gestr. TL	Salz
2 Msp.	Einmach-Hilfe

1. Gurke schälen und die Enden abschneiden. Gurke längs halbieren, entkernen und quer in Streifen schneiden. Gurkenstreifen in etwas Salzwasser geben, zum Kochen bringen, einmal aufkochen und anschließend in einem Sieb abtropfen lassen.

2. Zitrone heiß abwaschen, abtrocknen und von der Hälfte die Schale abreiben. Zitrone halbieren und eine Hälfte auspressen. Von der zweiten Zitronenhälfte 2 Scheiben abschneiden.

3. Bier mit Zitronenschale, -saft, Zucker und Salz in einem Topf zum Kochen bringen. Gurkenstreifen hinzugeben und etwa 5 Minuten bei schwacher Hitze dünsten lassen. Topf von der Kochstelle nehmen und Einmach-Hilfe unterrühren.

4. Gurkenstreifen mit den beiseitegelegten Zitronenscheiben in ein vorbereitetes, großes Glas geben, mit einem Twist-off-Deckel® verschließen und 2–3 Tage durchziehen lassen.

Gurken, eingekocht *(im Foto rechts)*

Klassisch

etwa 3 Gläser je 750 ml

Zubereitungszeit: 60 Minuten, ohne Durchziehzeit
Haltbarkeit: kühl und dunkel gestellt etwa 6 Monate

Insgesamt:
E: 14 g, F: 4 g, Kh: 167 g,
kJ: 3757, kcal: 893, BE: 8,5

Zutaten:

1 1/2 kg	kleine, gerade Einlegegurken
	Salzwasser (auf 1 l Wasser 75 g Salz)
2 Zweige	Dill
2 Zweige	glatte Petersilie
1 Zweig	Rosmarin
2	Salbeiblättchen

Für die Essig-Zucker-Lösung:

250 g	kleine Perlzwiebeln
1 Stück	Ingwer
je 125 ml (1/8 l)	Weißweinessig und Weißwein
500 ml	Wasser
100 g	Zucker
3 gestr. TL	Salz
2	Lorbeerblätter
1/2 TL	Pfefferkörner
1 Pck.	Einmach-Hilfe

1. Gurken gründlich waschen und in eine Schüssel geben. Salzwasser über die Gurken gießen und 12–24 Stunden an einem kühlen Ort stehen lassen.

2. Gurken aus dem Salzwasser nehmen, sorgfältig abbürsten und abspülen. Gurken einzeln mit einem Tuch abtrocknen und die schlechten Stellen entfernen.

3. Dill, Petersilie, Rosmarin und Salbeiblättchen abspülen, trocken tupfen. Gurken und Kräuter in vorbereitete Gläser füllen.

4. Für die Essig-Zucker-Lösung Zwiebeln abziehen, Ingwer schälen, mit Essig, Wein, Wasser, Zucker, Salz, Lorbeerblättern und Pfefferkörnern in einem Topf zum Kochen bringen. Topf von der Kochstelle nehmen, Einmach-Hilfe unterrühren.

5. Die Essig-Zucker-Lösung über die Gurken gießen. Die Gläser sofort mit Twist-off-Deckeln® verschließen. Gurken mindestens 3 Wochen kalt gestellt vor dem Verzehr durchziehen lassen.

Essige, Öle, Saucen & Pesto

Kräuteröl, pikant *(im Foto rechts)*

Raffiniert

1 Flasche etwa 750 ml

Zubereitungszeit: 15 Minuten, ohne Durchziehzeit
Haltbarkeit: kühl und dunkel gestellt 2–3 Monate

Insgesamt:
E: 0 g, F: 743 g, Kh: 0 g, kJ: 27473, kcal: 6563, BE: 0

Zutaten:

1 Bund	Dill
1 kleine	rote Peperoni
1 EL	gerebelter Rosmarin
1 EL	gerebelter Thymian
1 TL	Currypulver
1 TL	Paprikapulver edelsüß
¼ TL	Meersalz
750 ml (¾ l)	Pflanzenöl, z. B. Sonnenblumen- oder Distelöl

1. Dill abspülen und trocken tupfen. Die Spitzen von den Stängeln zupfen. Spitzen sehr klein schneiden. Peperoni abspülen, trocken tupfen, halbieren, entkernen und sehr fein hacken.

2. Dill mit Peperoni, Rosmarin, Thymian, Curry und Paprika mischen, in eine vorbereitete Flasche geben, mit Pflanzenöl auffüllen.

3. Die Flasche verschließen und kräfig durchschütteln. Das Kräuteröl mindestens 14 Tage durchziehen lassen.

4. Kräuteröl durch eine Filtertüte gießen und wieder in die zuvor gesäuberte Flasche füllen. Kräuteröl kühl und dunkel aufbewahren.

Kräuter-Öl-Mischung *(im Foto links)*

Gut vorzubereiten

1 Flasche etwa 750 ml

Zubereitungszeit: 25 Minuten, ohne Durchziehzeit
Haltbarkeit: dunkel gestellt 2–3 Wochen

Insgesamt:
E: 4 g, F: 499 g, Kh: 12 g, kJ: 18759, kcal: 4480, BE: 0,5

Tipp:
Die Kräuter-Öl-Mischung für Tomaten- und Paprikasalate verwenden, sowie zum Braten von Lamm- oder Schweinefleisch.

Zutaten:

1 Bund	Petersilie
3 Zweige	Estragon
1 Bund	Schnittlauch
je ¼	rote, gelbe und grüne Paprikaschote
½ EL	gemahlener Kümmel
½ EL	grob zerdrückter, schwarzer Pfeffer
500 ml (½ l)	Olivenöl

1. Kräuter vorsichtig abspülen und trocken tupfen. Von der Petersilie und dem Estragon die Blättchen von den Stängeln zupfen. Petersilien- und Estragonblättchen fein hacken. Schnittlauch in kleine Röllchen schneiden.

2. Paprikaviertel entstielen, entkernen und die weißen Scheidewände entfernen. Schotenviertel waschen, trocken tupfen und in Würfel schneiden.

3. Paprikawürfel mit den Kräutern, Kümmel, Pfeffer und Olivenöl verrühren. Die Mischung in eine vorbereitete Flasche geben, verschließen, kräftig durchschütteln und 1 Woche an einem dunklen Ort stehen und durchziehen lassen.

4. Nach Belieben das durchgezogene Kräuteröl durch eine Filtertüte gießen, wieder in die zuvor gesäuberte Flasche füllen und an einem dunklen Ort aufbewahren.

Currysauce *(im Foto rechts)*

Schnell

etwa 600 ml

Zubereitungszeit: 25 Minuten
Haltbarkeit: gekühlt 3–4 Monate

Insgesamt:
E: 11 g, F: 2 g, Kh: 146 g, kJ: 2777, kcal: 664, BE: 12,0

Tipp:
Die Currysauce passt gut zur klassischen Currywurst.

Zutaten:

300 ml	Wasser
½ EL	Currypulver indisch
1–2 EL	Zucker
½ TL	Paprikapulver rosenscharf
½ TL	Sambal Oelek
500 ml (½ l)	Tomatenketchup

1. Wasser in einen Topf geben. Curry, Zucker, Paprika und Sambal Oelek hinzufügen, zum Kochen bringen.

2. Topf von der Kochstelle nehmen. Ketchup einrühren und unter ständigem Rühren bei schwacher Hitze etwas einkochen lassen.

3. Die Currysauce kann sofort verwendet werden. Oder die Sauce in vorbereitete Gläser oder Flaschen füllen und fest verschließen.

BBQ-Sauce (Barbecue-Sauce) *(im Foto links)*

Gut vorzubereiten

etwa 750 ml

Zubereitungszeit: 20 Minuten, ohne Kühl- und Durchziehzeit
Haltbarkeit: gekühlt 3–4 Wochen

Insgesamt:
E: 13 g, F: 2 g, Kh: 128 g, kJ: 2486, kcal: 594, BE: 10,0

Tipp:
Die Sauce darf bei keinem Barbecue fehlen. Sie eignet sich besonders gut zu gegrilltem Fleisch und zum Bestreichen von gebackenen Sparerips. Oder als Dip zu Frittiertem reichen.

Zutaten:

150 ml	starker Kaffee (Espresso oder Mokka)
½	Gemüsezwiebel
½ kleines Bund	krause Petersilie
½ TL	Sambal Oelek
500 ml (½ l)	Tomatenketchup

1. Kaffee zubereiten und kalt stellen. Zwiebel schälen und in sehr kleine Würfel schneiden.

2. Petersilie abspülen und trocken tupfen. Die Blättchen von den Stängeln zupfen. Blättchen klein schneiden.

3. Kaffee in eine Schüssel gießen. Zwiebelwürfel, Petersilie, Sambal Oelek und Ketchup hinzufügen. Die Zutaten gut verrühren.

4. Die Sauce in vorbereitete Gläser oder Flaschen füllen, fest verschließen und kalt stellen. Sauce durchziehen lassen.

5. Die BBQ-Sauce kann schon nach einem Tag verwendet werden.

Currysauce

Tomaten-Pesto (Foto)

Klassisch

1 Glas etwa 150 ml

Zubereitungszeit: 20 Minuten
Haltbarkeit: gekühlt
etwa 3 Wochen

Insgesamt:
E: 26 g, F: 133 g, Kh: 40 g,
kJ: 6136, kcal: 1466, BE: 3,0

Tipp:
Tomaten-Pesto passt gut zu Fisch, Fleisch und Gemüse. Pesto in ein Schraubverschlussglas geben, mit Olivenöl bedecken und mit dem Deckel verschließen.

Zutaten:

150 g	getrocknete Tomaten in Öl
3	Knoblauchzehen
1 Bund	Basilikum
20 g	Parmesan-Käse
30 g	gehobelte Mandeln
100 ml	Olivenöl
	Salz
	frisch gemahlener Pfeffer

1. Tomaten in einem Sieb abtropfen lassen. Knoblauch abziehen und durch eine Knoblauchpresse drücken. Basilikum abspülen und trocken tupfen. Die Blättchen von den Stängeln zupfen. Parmesan-Käse fein reiben.

2. Tomaten, Mandeln und Basilikumblättchen sehr fein hacken oder pürieren, in eine Schüssel geben. Knoblauch, Parmesan-Käse und Olivenöl hinzufügen und untermengen. Mit Salz und Pfeffer würzen.

Steinpilz-Pesto

Raffiniert

1 Glas etwa 150 ml

Zubereitungszeit: 35 Minuten, ohne Einweichzeit
Haltbarkeit: gekühlt
etwa 1 Woche

Insgesamt:
E: 27 g, F: 133 g, Kh: 4 g,
kJ: 5429, kcal: 1297, BE: 0,5

Tipp:
Falls die Pestomasse geronnen ist, sie in einem kleinen Topf unter Rühren erwärmen (nicht kochen) und wieder erkalten lassen.

Zutaten:

10 g	getrocknete Steinpilze
125 ml (1/8 l)	heißes Wasser
30 g	Pinienkerne
1	Knoblauchzehe
100 ml	kalt gepresstes Olivenöl
1 Stängel	Pfefferminze
50 g	frisch geriebener Parmesan-Käse
1 gestr. TL	Gemüsebrühe
	Salz
	frisch gemahlener Pfeffer

1. Steinpilze in ein Sieb geben, mit kaltem Wasser abspülen, in eine Schale geben, mit heißem Wasser übergießen und etwa 20 Minuten einweichen. Pinienkerne in einer Pfanne ohne Fett goldbraun rösten und abkühlen lassen.

2. Knoblauch abziehen und in kleine Würfel schneiden. Steinpilze in einem Sieb abtropfen lassen, dabei das Einweichwasser auffangen. Steinpilze klein hacken.

3. Einen Esslöffel des Olivenöls erhitzen. Knoblauchwürfel darin andünsten. Gehackte Steinpilze mit dem Einweichwasser hinzugeben und etwa 5 Minuten dünsten.

4. Minze abspülen und trocken tupfen. Die Blättchen von den Stängeln zupfen. Blättchen grob hacken.

5. Steinpilze, Pinienkerne, Minzeblättchen, Parmesan-Käse, restliches Olivenöl und Brühe in einen hohen Rührbecher geben. Die Zutaten mit einem Mixstab pürieren. Pesto mit Salz und Pfeffer abschmecken.

Beerenketchup mit Zimt und Minze

Raffiniert

(im Foto vorn links)

etwa 650 ml

Zubereitungszeit:
45 Minuten, ohne Kochzeit
Haltbarkeit: kühl und dunkel gestellt etwa 4 Wochen

Insgesamt:
E: 13 g, F: 10 g, Kh: 425 g,
kJ: 8179, kcal: 1959, BE: 35,5

Tipp:
Beerenketchup passt gut zu gereiftem Hartkäse mit kräftigem Geschmack.

Zutaten:

1 kg	frische Beeren, z. B. Brombeeren
400 g	Zucker
300 ml	Weißweinessig
1/4 TL	gemahlene Gewürznelken
1/4 TL	gemahlener Piment
1/2	Zimtstange
1–2 Zweige	Minze
	Salz
	frisch gemahlener Pfeffer

1. Beeren verlesen, abspülen, abtropfen lassen. Beeren mit Zucker, Essig, Nelken, Piment und Zimtstange in einem Topf unter ständigem Rühren bei schwacher Hitze zum Kochen bringen. Beeren zugedeckt bei mittlerer Hitze etwa 1 Stunde kochen lassen, dabei ab und zu umrühren.

2. Zimtstange entfernen. Die Beerenmasse durch ein feines Sieb streichen oder durch eine Flotte Lotte (Passiermühle) geben. Den Beerensaft (Ketchup) dabei auffangen.

3. Minze abspülen und trocken tupfen. Die Blättchen von den Stängeln zupfen. Blättchen in feine Streifen schneiden und unter den Beerensaft (Ketchup) rühren. Mit Salz und Pfeffer abschmecken.

4. Den heißen Beerensaft (Ketchup) sofort in vorbereitete Gläser füllen und mit Twist-off-Deckeln® verschließen. Beerenketchup kalt, trocken und dunkel aufbewahren und nach etwa 4 Wochen aufbrauchen.

Rhabarberketchup mit Sultaninen

Fruchtig

(im Foto hinten rechts)

etwa 2000 ml

Zubereitungszeit: 50 Minuten
Haltbarkeit: gekühlt etwa 6 Wochen

Insgesamt:
E: 12 g, F: 3 g, Kh: 348 g,
kJ: 6725, kcal: 1607, BE: 28,5

Tipp:
Rhabarberketchup passt gut zu über Holzkohle gegrilltem Fleisch oder als Würzsauce in pfannengerührten Speisen und Reisgerichten.

Zutaten:

500 g	frischer Rhabarber
2	rote Zwiebeln
200 g	Sultaninen
90 ml	frisch gepresster Orangensaft
500 ml (1/2 l)	Rotweinessig
200 g	brauner Zucker
1/2 TL	Pimentkörner
1/2 TL	schwarze und braune Senfkörner
	Salz
	frisch gemahlener Pfeffer

1. Rhabarber waschen, abtropfen lassen, Stielenden und Blattansätze entfernen. Stangen abziehen und in etwa 2 cm lange Stücke schneiden. Zwiebeln abziehen, in kleine Würfel schneiden.

2. Rhabarber, Zwiebelwürfel, Sultaninen, Orangensaft, Essig, Zucker, Pimentkörner, Senfkörner, Salz und Pfeffer in einen Topf geben, bei schwacher Hitze unter Rühren zum Kochen bringen. Rhabarber zugedeckt bei schwacher Hitze etwa 90 Minuten kochen lassen, dabei ab und zu umrühren (Masse soll musig sein).

3. Rhabarbermus durch ein feines Sieb streichen oder durch eine Flotte Lotte (Passiermühle) geben. Ketchup mit Salz und Pfeffer abschmecken, sofort randvoll in vorbereitete Gläser füllen, mit Twist-off-Deckeln® verschließen, umdrehen und etwa 5 Minuten auf den Deckeln stehen lassen. Den Ketchup kalt gestellt etwa 4 Wochen vor dem Verzehr durchziehen lassen.

RHABARBER-
KETCHUP MIT
SULTANINEN

Essige, Öle, Saucen & Pesto

etwa 200 ml

Zubereitungszeit: 25 Minuten
Haltbarkeit: gekühlt
etwa 6 Wochen

Insgesamt:
E: 51 g, F: 182 g, Kh: 38 g,
kJ: 8364, kcal: 1998, BE: 2,5

Pesto, scharf und sauer *(im Foto oben)*

Klassisch

Zutaten:

8 EL	Pinienkerne
4 große	Knoblauchzehen
2 Bund oder Töpfe	Basilikum
1 Bund	Petersilie
8 EL	kalt gepresstes Olivenöl
2	frische, rote Chilischoten
2	Bio-Zitronen (unbehandelt, ungewachst)
4 EL	frisch geriebener Parmesan- oder Pecorino-Käse
1 EL	Zucker
	Salz, frisch gemahlener Pfeffer

Zum Versiegeln:
etwa 20 ml Olivenöl

1. Pinienkerne in einer Pfanne ohne Fett goldbraun rösten. Knoblauch abziehen und grob hacken. Basilikum und Petersilie abspülen und trocken tupfen. Die Blättchen von den Stängeln zupfen.

2. Basilikum-, Petersilienblättchen, Knoblauch, Pinienkerne und Olivenöl in einen hohen Rührbecher geben und mit einem Mixstab fein pürieren.

3. Chilischoten abspülen, trocken tupfen, halbieren, entkernen und in kleine Würfel schneiden. Zitronen heiß abwaschen, abtrocknen und die Schale abreiben oder mit einem Zestenreißer abziehen. Zitronen halbieren und den Saft auspressen.

4. Chiliwürfel, Zitronenschale, -saft, Käse und Zucker mit dem Kräuterpüree vermengen, mit Salz und Pfeffer abschmecken.

5. Pesto in vorbereitete Gläser füllen, Olivenöl darauf verteilen. Gläser mit Twist-off-Deckeln® verschließen. Pesto kalt gestellt aufbewahren und nach dem Öffnen schnell verbrauchen.

1 Glas etwa 200 ml

Zubereitungszeit: 25 Minuten
Haltbarkeit: gekühlt 3–4 Tage

Insgesamt:
E: 23 g, F: 155 g, Kh: 9 g,
kJ: 6320, kcal: 1510, BE: 0,5

Tipp:
Pesto in ein gut schließendes Glas füllen, Olivenöl daraufgeben, so dass das Pesto gut bedeckt ist. Glas verschließen und kalt stellen. Pesto hält sich dadurch etwas länger.

Sesam-Pesto *(im Foto unten rechts)*

Raffiniert

Zutaten:

2 Bund	glatte Petersilie
1 Bund	Basilikum
3	Knoblauchzehen
50 g	Sesamsamen
1 EL	weiche Butter
100 ml	kalt gepresstes Olivenöl
40 g	frisch geriebener Parmesan-Käse
	Salz, frisch gemahlener Pfeffer

1. Petersilie und Basilikum abspülen, trocken tupfen. Die Blättchen von den Stängeln zupfen. Blättchen fein hacken.

2. Knoblauch abziehen, in sehr kleine Würfel schneiden und in eine Schüssel geben. Petersilie, Basilikum, Sesam und Butter unterrühren. Olivenöl unterschlagen, Parmesan-Käse unterrühren. Mit Salz und Pfeffer abschmecken.

Harissa (scharfe Chilipaste) (Foto)

Klassisch

etwa 600 ml

Zubereitungszeit: 35 Minuten, ohne Durchziehzeit
Haltbarkeit: kühl und dunkel gestellt etwa 4 Monate

Insgesamt:
E: 18 g, F: 178 g, Kh: 63 g, kJ: 7978, kcal: 1905, BE: 5,0

Tipp:
Die Paste ist eine vielseitige Würzpaste, die vielen Gerichten das gewisse Etwas gibt. Sie passt gut zu geschmortem Fleisch, Geflügel oder zu Gemüse.

Zutaten:

100 g	getrocknete, rote Chilischoten
4	Knoblauchzehen
4 TL	Koriandersamen
4 TL	Kreuzkümmelsamen (Cumin)
4 TL	Kümmelsamen
2 TL	Meersalz
150 ml	kalt gepresstes Olivenöl

Zum Versiegeln:

2 EL	kalt gepresstes Olivenöl

1. Chilischoten in eine Schüssel geben, mit heißem Wasser übergießen und etwa 1 Stunde durchziehen lassen. Schoten in ein Sieb geben und gut abtropfen lassen. Knoblauch abziehen.

2. Chilischoten mit Knoblauch, Koriander-, Kümmelsamen und Salz in eine Schale geben, mit einem Mörser zu einer Paste verarbeiten oder mit einem Mixstab zerkleinern. 150 ml Olivenöl unter die Paste rühren und in vorbereitete Gläser füllen. 2 Esslöffel Olivenöl darauf verteilen (versiegeln).

3. Die Gläser mit Twist-off-Deckeln® verschließen und bis zum Öffnen mindestens 1 Tag kalt, dunkel und trocken aufbewahren.

Basilikum-Pesto (im Foto Seite 81 unten links)

Beliebt

1 Glas etwa 250 ml

Zubereitungszeit: 20 Minuten
Haltbarkeit: gekühlt etwa 6 Wochen

Insgesamt:
E: 46 g, F: 260 g, Kh: 8 g, kJ: 10521, kcal: 2513, BE: 0,5

Tipp:
Basilikum-Pesto zu Nudeln oder Tomaten mit Mozzarella reichen.

Zutaten:

3–4	Knoblauchzehen
1 gestr. TL	Salz
50 g	Pinienkerne
8 EL	gehackte Basilikumblättchen
100 g	frisch geriebener Pecorino- oder Parmesan-Käse
200 ml	kalt gepresstes Olivenöl

1. Knoblauch abziehen, mit Salz, Pinienkernen und Basilikumblättchen im Mörser so lange zerstoßen, bis eine cremeartige Masse entstanden ist. Oder die Zutaten in einen hohen Rührbecher geben und mit einem Mixstab pürieren, bis eine cremeartige Masse entstanden ist.

2. Käse hinzufügen und unterarbeiten. Zuletzt Olivenöl unterrühren.

3. Pesto in vorbereitete Gläser füllen. Gläser mit Twist-off-Deckeln® verschließen.

Essige, Öle, Saucen & Pesto

Knoblauch-Chiliöl & -essig (im Foto rechts)

Klassisch

etwa 1000 ml

Zubereitungszeit: 20 Minuten, ohne Durchziehzeit
Haltbarkeit: 6–9 Monate

Insgesamt:
Chiliöl
E: 6 g, F: 997 g, Kh: 19 g, kJ: 37322, kcal: 8913, BE: 1,0

Essig
E: 10 g, F: 1 g, Kh: 23 g, kJ: 1222, kcal: 293, BE: 1,0

Zutaten:

12	Knoblauchzehen
12	frische, rote Chilischoten
20	Melisse- oder Minzeblätter
1 l	Olivenöl oder
1 l	Weißweinessig

1. Knoblauch abziehen. Chilischoten waschen und trocken tupfen. Melisse- oder Minzeblättchen abspülen und vorsichtig trocken tupfen. Knoblauch, Chilischoten und Melisseblättchen in vorbereitete Flaschen geben.

2. Die Flaschen jeweils mit Essig oder Olivenöl auffüllen und sofort verschließen. Knoblauch-Chiliöl & -essig 3–4 Wochen durchziehen lassen.

Himbeeressig (im Foto links)

Raffiniert

etwa 500 ml

Zubereitungszeit: 15 Minuten, ohne Durchziehzeit
Haltbarkeit: etwa 6 Monate

Insgesamt:
E: 6 g, F: 1 g, Kh: 17 g, kJ: 821, kcal: 196, BE: 1,5

Zutaten:

300 g	frische oder TK-Himbeeren
knapp 500 ml (½ l)	Weißweinessig (5 %)

1. Frische Himbeeren verlesen. TK-Himbeeren nach Packungsanleitung auftauen lassen.

2. Himbeeren in eine Flasche mit weitem Hals geben und mit Essig auffüllen. Die Flasche verschließen und etwa 14 Tage an einem sonnigen Platz (Fenster) oder einem warmen Ort (Küche) stehen lassen. Dabei die Flasche zwischendurch schütteln.

3. Den Essig abgießen, einmal aufkochen und abkühlen lassen. Den Essig wieder über die Himbeeren gießen und die Flasche verschließen.

Tipp:
Himbeeressig eignet sich zum Würzen feiner Salate und Saucen sowie von Wild, Geflügel und Leber.

Tomatensauce mit Äpfeln (im Foto Mitte)

Raffiniert

2000 ml

Zubereitungszeit: 35 Minuten
Haltbarkeit: gekühlt
etwa 1 Woche

Insgesamt:
E: 10 g, F: 43 g, Kh: 105 g,
kJ: 3650, kcal: 871, BE: 7,0

Tipp:
Zu Bratlingen oder als Dip zu Gemüse reichen.

Zutaten:

1	rote Paprikaschote
1/2	rote Chilischote
250 g	Äpfel
500 g	Tomaten
4 EL	Olivenöl
1 TL	Currypulver
1 TL	Paprikapulver edelsüß
	Salz
	frisch gemahlener Pfeffer
2 EL	Weißweinessig
75 g	Rosinen
125 ml (1/8 l)	Gemüse- oder Hefebrühe
2 TL	Speisestärke
2 EL	Wasser

1. Paprikaschote halbieren, entstielen, entkernen und die weißen Scheidewände entfernen. Schote waschen, trocken tupfen und in Würfel schneiden. Paprikawürfel in kochendem Salzwasser etwa 10 Minuten garen, anschließend in einem Sieb abtropfen lassen.

2. Chilischote halbieren, entkernen, abspülen, trocken tupfen und in kleine Würfel schneiden. Äpfel schälen, vierteln, entkernen. Apfelviertel in kleine Würfel schneiden.

3. Tomaten waschen, kreuzweise einschneiden und einige Sekunden in kochendes Wasser legen. Tomaten kurz in kaltes Wasser legen, enthäuten, halbieren, entkernen, die Stängelansätze herausschneiden. Tomatenhälften ebenfalls klein würfeln.

4. Olivenöl in einem Topf erhitzen, Paprika- und Chiliwürfel darin andünsten. Apfel- und Tomatenwürfel hinzufügen, kurz mit andünsten, mit Curry, Paprika, Salz und Pfeffer würzen.

5. Essig und Rosinen unterrühren. Brühe hinzugießen und aufkochen lassen. Speisestärke mit Wasser anrühren, in die Sauce rühren und unter Rühren kurz aufkochen lassen. Die Sauce mit den Gewürzen abschmecken, in vorbereitete Gläser füllen, mit Twist-off-Deckeln® verschließen, umdrehen und etwa 5 Minuten auf den Deckeln stehen lassen.

Tomatensauce mit Basilikum

Preiswert – mit Alkohol (im Foto oben)

etwa 1000 ml

Zubereitungszeit: 35 Minuten
Haltbarkeit: gekühlt
etwa 1 Woche

Insgesamt:
E: 8 g, F: 2 g, Kh: 267 g,
kJ: 5085, kcal: 1197, BE: 20,5

Tipp:
Nach Belieben 1–2 Knoblauchzehen abziehen, durch eine Knoblauchpresse drücken und unter die Sauce rühren. Die Tomatensauce zu geräuchertem Fisch oder Käse reichen.

Zutaten:

700 g	Tomaten (vorbereitet gewogen)
1 Bund	Basilikum
100 ml	Rotweinessig
100 ml	Rotwein
	Currypulver
	Paprikapulver edelsüß, Salz
1 TL	zerdrückter, eingelegter, grüner Pfeffer
1/2 Pck. (250 g)	Extra Gelier Zucker 2:1

1. Tomaten waschen, kreuzweise einschneiden und einige Sekunden in kochendes Wasser legen. Tomaten kurz in kaltes Wasser legen, enthäuten, halbieren, entkernen und die Stängelansätze herausschneiden. Tomatenhälften in kleine Würfel schneiden. Basilikum abspülen und trocken tupfen. Die Blättchen von den Stängeln zupfen, Blättchen klein schneiden.

2. Tomatenwürfel, Basilikum, Essig, Rotwein, Curry, Paprika, Salz, Pfeffer und Gelier Zucker in einem Topf unter Rühren zum Kochen bringen und etwa 10 Minuten unter gelegentlichem Rühren kochen lassen.

3. Die Tomatensauce sofort randvoll in vorbereitete Gläser füllen, mit Twist-off-Deckeln® verschließen, umdrehen und etwa 5 Minuten auf den Deckeln stehen lassen.

Tomatensauce mit Pfirsichen

Preiswert

(im Foto Seite 86 unten)

etwa 1250 ml

Zubereitungszeit: 35 Minuten
Haltbarkeit: gekühlt
4–6 Wochen

Insgesamt:
E: 9 g, F: 2 g, Kh: 349 g,
kJ: 6367, kcal: 1507, BE: 27,5

Zutaten:

etwa 2	Pfirsiche
½ Bund	Frühlingszwiebeln
4	Tomaten
175 ml	Kräuteressig
100 ml	Apfelsaft
	Currypulver
	Paprikapulver edelsüß
1 Prise	gemahlener Zimt
1 Prise	Salz
	frisch gemahlener, schwarzer Pfeffer
75 g	Rosinen
250 g	Extra-Gelierzucker

1. Pfirsiche waschen, abtrocknen, halbieren und entsteinen. Frühlingszwiebeln putzen, waschen, abtropfen lassen. Tomaten waschen, kreuzweise einschneiden und einige Sekunden in kochendes Wasser legen. Tomaten kurz in kaltes Wasser legen, enthäuten, halbieren, entkernen und die Stängelansätze herausschneiden.

2. Die vorbereiteten Zutaten in kleine Stücke oder Würfel schneiden, 700 g abwiegen und in einen Topf geben. Essig, Apfelsaft, Curry- und Paprikapulver, Zimt, Salz, Rosinen und Gelierzucker hinzufügen. Die Zutaten unter Rühren zum Kochen bringen und etwa 10 Minuten unter gelegentlichem Rühren kochen lassen.

3. Die Tomatensauce sofort randvoll in vorbereitete Gläser füllen, mit Twist-off-Deckeln® verschließen, umdrehen und etwa 5 Minuten auf den Deckeln stehen lassen.

Senf, hausgemacht (Grundrezept)

Klassisch

4 Gläser je 200 ml

Zubereitungszeit: 25 Minuten, ohne Durchziehzeit
Haltbarkeit: kühl und dunkel gestellt 2–3 Monate

Insgesamt:
E: 131 g, F: 145 g, Kh: 206 g,
kJ: 11720, kcal: 2802, BE: 16,5

Tipp:
Der Senf schmeckt vorzüglich zu frischem Brot mit Schinken. Oder nehmen Sie dieses Rezept als Grundlage für andere Senfsaucen, z. B. scharfe oder süße Senfsauce.

Zutaten:

Zum Vorbereiten:

je 250 g	weißes und schwarzes Senfmehl
750 ml (¾ l)	Weißweinessig
	Saft von
2	Zitronen
1 EL	Kräutersalz
1½ EL	fein gehackte Estragonblätter
1 TL	frisch gemahlener, schwarzer Pfeffer
je ½ TL	Zimt und Nelken, gemahlen
1 Prise	frisch geriebene Muskatnuss
3 EL	flüssiger Blütenhonig
1–2	Knoblauchzehen (im Mörser mit etwas Meersalz zerstoßen)
5	Schalotten oder
3	kleine Zwiebeln, in sehr kleine Würfel geschnitten
½ EL	frisch geriebener Meerrettich oder
½ EL	fein gehackte Brennnesselspitzen

1. Zum Vorbereiten Senfmehl mit Essig und Zitronensaft in einer Porzellan- oder Glasschüssel mischen, quellen lassen und je nach gewünschter Schärfe bis zu 7 Stunden handwarm temperieren (nicht zu milde machen, da die Schärfe des Senföls konservierend wirkt).

2. Gewürze, Honig, Knoblauch, Schalotten- oder Zwiebelwürfel und Meerrettich oder Brennnesselspitzen unter die Senfmehlmasse rühren. Senf in vorbereitete Gläser füllen, mit Twist-off-Deckeln® verschließen. Senf mindestens 2 Wochen vor dem Verzehr kalt stellen.

Scharfe Senfsauce (im Foto rechts)

Mit Alkohol

etwa 450 ml

Zubereitungszeit: 15 Minuten, ohne Durchziehzeit
Haltbarkeit: kühl und dunkel gestellt etwa 1 Jahr

Insgesamt:
E: 23 g, F: 11 g, Kh: 31 g, kJ: 1674, kcal: 400, BE: 2,5

Tipp:
Statt hausgemachten Senf können Sie auch einen milden Senf (Industrieware) verwenden.

Zutaten:

1 kleine	frische, rote Chilischote
6 EL	hausgemachter Senf (Grundrezept Seite 88)
12 EL	helle Sojasauce (Superior)
12 EL	Sake (japanischer Reiswein)

1. Chilischote abspülen, trocken tupfen, halbieren und entkernen. Chilihälften in sehr kleine Würfel schneiden.

2. Senf in eine Schüssel geben. Mit Chiliwürfeln, Sojasauce und Sake gut verrühren.

3. Die Senfsauce in vorbereitete Flaschen füllen und fest verschließen. Die Sauce einige Stunden durchziehen lassen und vor Gebrauch gut schütteln.

Süße Senfsauce (im Foto links)

Schnell

etwa 500 ml

Zubereitungszeit: 15 Minuten, ohne Durchziehzeit
Haltbarkeit: kühl und dunkel gestellt etwa 1 Jahr

Insgesamt:
E: 20 g, F: 141 g, Kh: 36 g, kJ: 6637, kcal: 1586, B: 3,0

Zutaten:

12 EL	hausgemachter Senf (Grundrezept Seite 88)
6 EL	Reisweinessig
12 EL	kalt gepresstes, mildes Olivenöl
6 EL	Mirin (japanischer gesüßter Sake [Reiswein])

1. Senf in einen Rührbecher geben und mit Handrührgerät mit Rührbesen Essig unterrühren. Olivenöl unter ständigem Schlagen in einem dünnen Strahl einlaufen lassen. Zuletzt Mirin unterrühren.

2. Die Senfsauce in eine vorbereitete Flasche füllen und fest verschließen. Senfsauce einige Stunden durchziehen lassen. Vor Gebrauch kräftig schütteln.

VORSICHT
SCHARF

Thymianöl (im Foto links)

Raffiniert

etwa 500 ml

Zubereitungszeit:
20 Minuten, ohne Trocken- und Durchziehzeit
Haltbarkeit: kühl und dunkel gestellt etwa 3 Monate

Insgesamt:
E: 0 g, F: 498 g, Kh: 1 g,
kJ: 18454, kcal: 4407, BE: 0

Tipp:
Das Thymianöl mit Lavendel für Lamm-, Wild- und gegrillte Fischgerichte oder Schmorgerichte mit Gemüse und für Salatsaucen verwenden.

Zutaten:

3 Stängel	Thymian
1 Stängel	Lavendel
1 Stängel	Lavendel mit Blüte
500 ml (1/2 l)	kalt gepresstes Olivenöl

1. Thymian und Lavendel vorsichtig abspülen, trocken tupfen, auf Küchenpapier legen und 3 Tage trocknen lassen.

2. Die getrockneten Kräuter in eine vorbereitete Flasche geben, mit Olivenöl auffüllen. Die Flasche verschließen. Thymianöl mindestens 14 Tage an einem kühlen, dunklen Ort (im Keller) durchziehen lassen.

Knoblauch-Basilikum-Essig (im Foto rechts)

Raffiniert

etwa 500 ml

Zubereitungszeit: 10 Minuten, ohne Durchziehzeit
Haltbarkeit: gekühlt und dunkel gestellt etwa 2 Monate

Insgesamt:
E: 3 g, F: 0 g, Kh: 7 g,
kJ: 478, kcal: 115, BE: 0,5

Tipp:
Den Essig nur mit Basilikum zubereiten. Dafür statt 2 Zweige Basilikum 1 Bund Basilikum und keinen Knoblauch verwenden.

Zutaten:

6–8	Knoblauchzehen
2 Zweige	Basilikum
500 ml (1/2 l)	Rot- oder Weißweinessig

1. Knoblauch abziehen und auf einen Holzspieß stecken. Basilikum vorsichtig abspülen und trocken tupfen. Die Blättchen von den Stängeln zupfen. Blättchen mit dem Knoblauchspieß in eine vorbereitete Flasche geben, mit Rot- oder Weißweinessig auffüllen.

2. Flasche fest verschließen. Knoblauch-Basilikum-Essig mindestens 14 Tage an einem sonnigen Platz (Fenster) oder einem warmen Ort (Küche) stehen lassen.

3. Den Knoblauchspieß herausnehmen, den Essig durch ein feines Sieb gießen und in eine vorbereitete Flasche füllen. Den Knoblauchspieß wieder hineingeben und die Flasche fest verschließen.

Inhalt

Kapitelregister

Alphabetisches Register

Für Fragen, Vorschläge oder Anregungen steht Ihnen der
Verbraucherservice der Dr. Oetker Versuchsküche
Telefon: 00800 71727374 Mo.-Fr. 8:00–18:00 Uhr, Sa. 9:00–15:00 Uhr
(gebührenfrei in Deutschland)
oder die Mitarbeiter des Dr. Oetker Verlages
Telefon: +49 (0) 521 520650 Mo.-Fr. 9:00–15:00 Uhr zur Verfügung.

Oder schreiben Sie uns:
Dr. Oetker Verlag KG, Am Bach 11, 33602 Bielefeld oder besuchen
Sie uns im Internet unter www.oetker-verlag.de oder www.oetker.de.

Umwelthinweis Dieses Buch und der Einband wurden auf chlorfrei gebleichtem Papier gedruckt. Die Einschrumpffolie – zum Schutz vor Verschmutzung – ist aus umweltfreundlichem und recyclingfähigem PE-Material.

Redaktion Carola Reich, Annette Riesenberg
Titelfoto Thomas Diercks, Hamburg
Innenfotos Christiane Krüger, Hamburg (S. 4, 9, 13, 15, 19, 23, 29–41, 45–49, 53–73, 85, 87)
Bela Hoche, Hamburg (S. 31)
Kramp & Gölling, Hamburg (S. 93)
Bernd Lippert (S. 17, 21)
Axel Struwe, Bielefeld (S. 11, 25, 27, 43, 51, 75, 79–83, 89, 91)
Brigitte Wegner, Bielefeld (S. 77)

Foodstyling Eike Upmeier-Lorenz, Hamburg
Maren Jahnke, Hamburg

Rezeptentwicklung und -beratung Olaf Brummel, Bielefeld
Eike Upmeier-Lorenz, Hamburg

Nährwertberechnungen Nutri Service, Hennef
Grafisches Konzept kontur:design, Bielefeld
Gestaltung kontur:design, Bielefeld
Titelgestaltung kontur:design, Bielefeld
Reproduktionen Longo AG, Bozen, Italien
Satz JUNFERMANN Druck & Service, Paderborn
Druck und Bindung Firmengruppe APPL, aprinta druck, Wemding

ISBN 978-3-7670-0812-0

Rosmarinöl
Einfach

etwa 500 ml (1/2 l)

Zubereitungszeit: 15 Minuten, ohne Durchziehzeit
Haltbarkeit: kühl und dunkel gestellt etwa 3 Monate

Insgesamt:
E: 0 g, F: 498 g, Kh: 1 g, kJ: 18450, kcal: 4406, BE: 0

Zutaten:

2 Zweige	Rosmarin
500 ml (1/2 l)	kalt gepresstes Olivenöl

1. Rosmarin abspülen, trocken tupfen und in eine vorbereitete Flasche geben. Die Flasche mit Olivenöl auffüllen und verschließen. Rosmarinöl mindestens 14 Tage an einem kühlen, dunklen Ort (im Keller) durchziehen lassen.

Eingelegte Tomaten
Gut vorzubereiten

etwa 2 Gläser je 750 ml

Zubereitungszeit: 30 Minuten
Haltbarkeit: kühl und dunkel gestellt 2–3 Monate

Insgesamt:
E: 17 g, F: 6 g, Kh: 52 g, kJ: 1796, kcal: 425, BE: 2,0

Zutaten:

1 kg reife	Cocktailtomaten
4	Schalotten oder kleine weiße Zwiebeln
2	Knoblauchzehen

Für die Essiglösung:

1 Dolde	Dill
500 ml (1/2 l)	Weißweinessig
125 ml (1/8 l)	Wasser
10 g	Salz
10 g	Zucker
1	Gewürznelke
2	Wacholderbeeren
10 g	weiße und schwarze Pfefferkörner
10 g	Senfkörner
1 Pck.	Einmach-Hilfe

1. Tomaten waschen, abtrocknen und vorsichtig die Stängelansätze herausschneiden. Jede Tomate 2–3-mal mit einem Holzspießchen einstechen. Schalotten oder Zwiebeln und Knoblauch abziehen und mit den Tomaten in vorbereitete Gläser füllen.

2. Für die Essiglösung Dill abspülen und trocken tupfen. Essig, Wasser, Salz, Zucker, Wacholderbeeren, Gewürznelke, Pfefferkörner, Senfkörner und Dill in einem Topf zum Kochen bringen, kurz aufkochen lassen und den Topf von der Kochstelle nehmen. Einmach-Hilfe unterrühren.

3. Die Tomaten mit der Essiglösung übergießen, so dass sie gut bedeckt sind. Die Gläser sofort mit Twist-off-Deckeln® verschließen, umdrehen und etwa 5 Minuten auf den Deckeln stehen lassen. Die Tomaten mindestens 3 Tage durchziehen lassen.